Erio Castellucci

Esigente bellezza

Erio Castellucci

Esigente bellezza

Assaggio di una teologia cristiana del corpo umano

Edizioni Sant'Antonio

Imprint

Cover image: www.ingimage.com

Publisher:
Edizioni Accademiche Italiane
is a trademark of
International Book Market Service Ltd., member of OmniScriptum Publishing Group
17 Meldrum Street, Beau Bassin 71504, Mauritius

Printed at: see last page
ISBN: 978-613-8-39192-0

Esigente bellezza

Assaggio di una teologia cristiana del corpo umano

Introduzione

Il corpo nella tradizione cristiana è una "esigente bellezza", della quale purtroppo nella storia è emerso più l'aggettivo rispetto al sostantivo: per difendere il corpo dalla banalizzazione, qualche volta è stato circondato da protezioni, divieti e persino sospetti tali da farlo percepire quasi come nemico della fede cristiana, mentre ne è inseparabile alleato. A fronte di questo fatto sta però il pregiudizio pressoché unanime che il cristianesimo sia avversario del corpo, degli affetti, della materia e della sessualità: si è curiosamente invertita l'accusa del pagano Celso (II sec. d.C.), secondo il quale il cristianesimo era un *philosòmaton gènos,* cioè una stirpe che ama il corpo;[1] oggi molti, se parlassero ancora il greco antico, lo definirebbero piuttosto *misosòmaton gènos*, ossia una stirpe che odia il corpo. Diventa allora importante documentare questa "esigente bellezza".

È meglio però confessare subito che questo volume è davvero solo un "assaggio", come recita il sottotitolo. Non ci si deve attendere la leggerezza del "saggio", che solitamente tratta un punto specifico con molta scioltezza e concisione, argomentando una sola tesi di fondo. E nemmeno, a maggior ragione, pretende di essere un "manuale" o un "trattato", ossia un'opera impegnativa di una certa completezza. Un "assaggio" lo è nel significato proprio della parola: l'azione di sondare una piccola parte per farsi un'idea sull'intero a cui appartiene. Il *sommelier* assaggia i vini e, attraverso la degustazione, li valuta e li consiglia in rapporto ai cibi. La trivella meccanica assaggia il terreno scavandovi dei fori perché se ne possa stabilire la composizione e la natura. *Pars pro toto*: questo è l'assaggio. Contiene quindi sia l'idea di parte sia quella di tutto, che vengono messi in relazione reciproca.

In questo libro vengono posti in relazione vicendevole il *corpo* e la *fede cristiana*, più precisamente la fede in Cristo Signore o professione cristologica. Il sondaggio riguarda la capacità del corpo umano di dire in modo "bello" la fede cristiana in Gesù e, reciprocamente, di pensare il corpo del Signore come luogo capace di illustrare la bellezza del corpo umano. Gli studi sulla corporeità sono lievitati negli ultimi decenni nella teologia cattolica.[2] Puntando i riflettori sul *corpo*, essi incrociano praticamente tutti i temi della teologia sistematica: dalla creazione all'escatologia, passando attraverso la cristologia, la pneumatologia, l'ecclesiologia e la sacramentaria. Non solo: il corpo è anche il punto d'incontro dei principali nodi dell'etica e della spiritualità e il suo significato può costituire un ponte di dialogo importante anche con altre culture e con differenti filosofie.

Ma l'esito di queste pagine non è scontato, perché un assaggio resta sempre e solo un tentativo. Chi però desidera non una semplice degustazione ma una tavola ricca e imbandita, può rivolgersi all'ideatore e autore della vera e propria *teologia del corpo*, papa Giovanni Paolo II, il quale – con una riflessione ampia e tutt'ora ineguagliata e validissima – dedicò nei primi anni del suo pontificato moltissime catechesi al tema, approfondendo gli argomenti riguardanti la corporeità, la coppia, l'affettività, la sessualità e l'amore. Nel volume di oltre 500 pagine che raccoglie questo prezioso materiale,[3] l'espressione "teologia del corpo" ricorre una quarantina di volte. Vi faremo riferimento in seguito.

Un'istanza giovane

«Nell'attuale contesto culturale la Chiesa fatica a trasmettere la bellezza della visione cristiana della corporeità e della sessualità, così come emerge dalla Sacra Scrittura, dalla Tradizione e dal magistero degli ultimi papi. Appare quindi urgente una ricerca di modalità più adeguate, che si traducano concretamente nell'elaborazione di cammini formativi rinnovati. Occorre proporre ai giovani un'antropologia dell'affettività e della sessualità capace anche di dare il giusto valore alla castità, mostrandone con saggezza pedagogica il significato più autentico per la crescita della persona, in tutti gli stati di vita».[4]

L'elaborazione e la trasmissione della bellezza della dottrina cristiana sulla corporeità e sulla sessualità è dunque un'istanza proveniente anche dal Sinodo celebrato con e per i giovani in Vaticano nell'ottobre 2018. Ma è in realtà un'istanza da tempo percepita, e non solo in relazione ai giovani, da chiunque operi per la diffusione del Vangelo e in primo luogo dagli ultimi pontefici: non solo San Giovanni Paolo II, ma anche Benedetto XVI e Francesco. Quest'ultimo recupera, nell'esortazione *Amoris Laetitia*, alcune delle riflessioni di Giovanni Paolo II ed esprime l'auspicio che i giovani possano trovare autentici maestri anche in questo delicato ambito: «Il linguaggio del corpo richiede il paziente apprendistato che permette di interpretare ed educare i propri desideri per donarsi veramente. Quando si pretende di donare tutto in un colpo è possibile che non si doni nulla. Una cosa è comprendere le fragilità dell'età o le sue confusioni, altra cosa è incoraggiare gli adolescenti a prolungare l'immaturità del loro modo di amare. Ma chi parla oggi di queste cose? Chi è capace di prendere sul serio i giovani? Chi li aiuta a prepararsi seriamente per un amore grande e generoso? Si prende troppo alla leggera l'educazione sessuale».[5]

Raccogliendo dunque le diverse istanze della "teologia del corpo", specialmente in ordine all'educazione affettiva e sessuale, procediamo in due momenti. Prima "assaggeremo" alcuni testi appartenenti alla tradizione ecclesiale lungo i secoli; poi tracceremo un percorso teologico imperniato sulla corporeità del Signore Gesù.

1. ALCUNI TORNANTI STORICI

Risultano particolarmente significativi tre tornanti storici nelle espressioni magisteriali e nelle riflessioni teologiche riguardanti il nostro argomento: le prese di posizioni anti-manichee ed antignostiche culminate nelle espressioni magisteriali del VI sec.; quelle anticatare del XIII sec.; quelle anti-idolatriche del XX sec. In questi tre tornanti il magistero e la teologia hanno ribadito sia la bontà originaria della corporeità sia la sua necessaria connessione con lo spirito.

La Lettera del corpo: 1 Corinti

Assumiamo lo spunto iniziale da un solo testo biblico – molti altri ne verranno menzionati in seguito, specialmente i primi tre capitoli della Genesi – che è la *Prima Lettera ai Corinti*, una vera e propria "lettera del corpo", dove infatti la parola *soma* ritorna in modo martellante, per ben 55 volte. Nessun altro scritto della Bibbia concentra una tale quantità di riferimenti espliciti al corpo. Le 55 ricorrenze di 1 Cor – 49 al singolare e 6 al plurale – si possono ricondurre a quattro filoni fondamentali: antropologico, cristologico, eucaristico ed ecclesiale.

La maggioranza relativa delle ricorrenze, 28 su 55, riguardano il corpo in senso *fisico*: non solo il corpo umano,[6] ma anche i corpi materiali: vegetali, animali e celesti (sole, luna, stelle).[7] I riferimenti al corpo umano, poi, si possono ricondurre a due filoni: quello terreno e quello escatologico, ossia il corpo risorto.

Al corpo storico e glorioso di Gesù, nato da Maria, vissuto in Palestina, morto e risorto il terzo giorno, vengono riservate tre menzioni:[8] la prima collega il corpo di Cristo all'eucaristia e alla Chiesa, la seconda alla risurrezione dei morti e la terza al corpo umano, rappresentato dal "primo Adamo".

Paolo richiama poi due volte il pane eucaristico come elemento di comunione tra il corpo storico e glorioso di Gesù e il suo corpo ecclesiale, riportando la tradizione a lui precedente della narrazione della cena del Signore e applicandone il significato alla comunità cristiana dei Corinti.[9]

Infine il corpo ecclesiale attrae per quattro volte l'attenzione di 1 Cor,[10] in riferimento sia all'eucaristia sia ai doni spirituali di cui la comunità cristiana è dotata; in questo caso la similitudine del corpo umano serve a Paolo per illustrare la complementarità delle membra e la necessità della loro reciproca collaborazione.

Possiamo dire che Paolo raccoglie tutti i filoni biblici fondamentali e li consegna alla tradizione ecclesiale, abbozza così una "teologia della corporeità", nella quale si danno appuntamento tutti gli aspetti presenti negli altri testi biblici e con la quale viene offerta alla tradizione ecclesiale una griglia preziosa per gli sviluppi successivi. E pochi decenni dopo, nell'epistolario giovanneo spunterà – attraverso l'insistenza sulla "carne/*sarx*", che per Giovanni equivale al "corpo/soma" paolino – la preoccupazione di salvaguardare non tanto la divinità quanto *l'umanità* di Gesù, fino ad affermare contro chi la negava: "ogni spirito che riconosce che Gesù Cristo è venuto nella carne, è da Dio; ogni spirito che non riconosce Gesù, non è da Dio. Questo è lo spirito dell'anticristo" (1 Gv 4,2-3).

1.1. Le posizioni cristiane antignostiche: dal I al VI secolo

Nonostante l'insistenza paolina e giovannea sul corpo e sulla carne, il nascente cristianesimo si trovò a contrastare ben presto dei movimenti che separavano nettamente l'anima e il corpo, secondo la versione *spiritualista*. La prima vittima fu la fede in Gesù come vero uomo: questi movimenti infatti, infiltratisi nelle stesse comunità cristiane, negavano la realtà dell'incarnazione e – dunque – la pregnanza divina della corporeità di Gesù. Tranne alcune propaggini di provenienza giudaica (ad es. gli ebioniti), nessuna comunità cristiana nei primi secoli negava l'appartenenza di Gesù alla sfera *divina*: ciò che appariva incredibile era che si fosse davvero fatto uomo, fosse realmente nato da una donna, avesse preso un vero corpo, avesse realmente mangiato e bevuto, fosse davvero morto sulla croce e fosse corporalmente risorto.

Ignazio di Antiochia: "veramente" Cristo è venuto nella carne

Pochissimi anni dopo la stesura del Nuovo Testamento, all'inizio del II sec., il martire Ignazio di Antiochia martellava il suo "veramente" (*alethòs*) contro quegli ambienti spiritualizzanti che interpretavano nascita, vita, sofferenza, morte e risurrezione di Gesù in termini simbolici.

Di straordinaria potenza è la prima pagina della *Lettera agli Smirnesi*, dove il *veramente/realmente* dell'esperienza umana di Cristo è marcato dalla continua ripresa del tema della carne/*sarx* e del corpo/*soma*: «Gloria a Gesù Cristo Dio che vi ha resi così saggi. Ho constatato che siete perfetti nella fede che non muta, come inchiodati nel corpo (*sarkì*) e nell'anima alla croce di Gesù Cristo e confermati nella carità del suo sangue. Siete pienamente convinti del Signore nostro, che è veramente della stirpe di David secondo la carne (*katà sàrka*), Figlio di Dio secondo la volontà e la potenza di Dio, nato realmente dalla vergine, battezzato da Giovanni, perché ogni giustizia fosse compiuta da lui. Egli, sotto Ponzio Pilato e il tetrarca Erode, per noi fu realmente inchiodato nella carne (*en sarkì*), e dal frutto di ciò e dalla sua divina e beata passione noi siamo nati per innalzare per sempre, con la sua resurrezione, uno stendardo sui suoi santi e i suoi fedeli, giudei e pagani, nell'unico corpo (*en henì sòmati*) della sua Chiesa. Tutto questo soffrì il Signore perché fossimo salvi. E soffrì realmente come realmente risuscitò se stesso, non come dicono alcuni infedeli, essi che sono apparenza, che soffrì in apparenza. Come pensano, avverrà loro di essere incorporei *(asomàtois)* e simili ai demoni. Sono convinto e credo che dopo la risurrezione egli era nella carne (*en sarkì*). Quando andò da quelli che erano intorno a Pietro disse: "Prendete, toccatemi e vedete che non sono un demone senza corpo (*asòmaton*)". E subito lo toccarono e credettero, al contatto della sua carne (*te sarkì*) e del suo sangue. Per questo disprezzarono la morte e ne furono superiori. Dopo la risurrezione mangiò e bevve con loro come nella carne (*hos sarkikòs*), sebbene spiritualmente unito al Padre».[11]

Correnti dualiste di stampo gnostico e docetista

Sono testimonianze di come già dalla fine del I sec. l'aria spiritualista stesse circolando nelle comunità cristiane: spiritualismo che, sotto il nome generico di *gnosticismo*, costituì il clima culturale e religioso più accattivante nei primi tempi dell'era cristiana. Con il termine gnosticismo[12] viene designato un movimento religioso molto complesso, le cui radici sono precristiane e forse di importazione orientale, passate attraverso il filtro della poesia orfica e della filosofia greca. L'idea di fondo degli gnostici era quella di un'irriducibile opposizione tra mondo spirituale e mondo materiale, tra divino e umano, tra anima e corpo. Lo spirito è buono, la carne è cattiva: la gnosi/*gnosis* ("conoscenza") è un cammino di liberazione dalla materia e dalla corporeità, che consiste nell'apprendere le verità rivelata segretamente da Cristo ai suoi discepoli nei mesi o negli anni successivi alla Pasqua. Coloro che comprendono ed accolgono questa rivelazione esoterica, gli gnostici appunto, raggiungono lo stato più alto e sono detti *spirituali* o pneumatici; coloro che la comprendono mentalmente, ma non la accolgono esistenzialmente, sono gli *psichici*; la categoria di uomini più bassa, quella che non riceve la rivelazione gnostica, è sprezzantemente definita i *materiali*.

Quella versione di ispirazione gnostica che si dava una forma cristiana, chiamata docetismo (da *dokeo*, apparire), considerava Cristo non un vero uomo, ma un "eone" o frammento divino caduto sulla terra e apparso sotto forme umane. Secondo alcuni docetisti il Figlio o il Verbo hanno "rivestito" Gesù di Nazareth nel momento del battesimo del Giordano ad opera di Giovanni. Chi poi respingeva la vera umanità di Gesù rifiutava anche la sua morte ritenuta indegna della divinità, e la sua risurrezione corporea. Comprendiamo meglio, così, le insistenze "realiste" di Ignazio di Antiochia.

Le dottrine gnostiche di ispirazione cristiana sono spesso di difficile comprensione, espresse con linguaggio fortemente simbolico ed evocativo. I cosiddetti Vangeli gnostici, dal punto di vista storico. sono utili per ricostruire non la vicenda di Gesù, ma quella del cristianesimo dal II al IV sec. Già dalle numerose citazioni di autori gnostici presenti negli scritti dei Padri della Chiesa nei primi secoli si conosceva abbastanza di questa visione eterodossa: la scoperta di una vera e propria biblioteca gnostica a metà del XX sec., tra le sabbie Nag Hammadi, ha confermato ed arricchito quanto gli studiosi sapevano.[13]

Erano in particolare le teorie degli gnostici *valentiniani*, molto diffuse dalla metà del II sec., a percorrere sistematicamente il dualismo tra anima e corpo, ricaduta di un dualismo ben più radicale: quello tra il Dio dell'Antico e del Nuovo Testamento. Negli scritti valentiniani, dove si riconoscono facilmente accenti di ispirazione marcionita, compare l'idea di una "doppia creazione", presente anche in Filone di Alessandria, secondo la quale il dio-Demiurgo avrebbe creato le parti inferiori dell'essere umano, cioè quelle corporee, mentre il *Logos* sarebbe intervenuto a creare quelle superiori, identificate con l'anima. Le due divinità, dette dai valentiniani anche *Jahweh* e *Sophia*, avrebbero anche rispettivamente ispirato il senso letterale e quello spirituale dell'Antico Testamento, preparando così nel primo caso la venuta del Cristo psichico, figlio del Demiurgo, e nel secondo la venuta del Cristo pneumatico, Figlio del Dio vero, il Dio Padre.[14] Il sistema della creazione e quello della redenzione venivano così radicalmente separati e attribuiti a due diversi princìpi divini; e l'uomo stesso ne risultava scisso in due, con la riconduzione del corpo al piano naturale e dello spirito a quello soprannaturale.

Il fascino del dualismo sull'ortodossia: Clemente alessandrino e Origene

Questo dualismo esercitò un certo fascino anche nelle comunità cristiane di ambiente alessandrino, tra la fine del II e la metà del III sec.: al punto che in Clemente e in Origene rispunterà la teoria della doppia creazione. Clemente riconduce così l'"immagine" divina alla sola componente spirituale dell'uomo.[15] Egli scrive inoltre: «L'uomo assomiglia, purtroppo, al centauro della mitologia tessalica, composto com'è di elemento razionale ed elemento irrazionale, d'anima e di corpo: ma il corpo opera nella terra e s'affanna per la terra, l'anima è protesa invece verso Dio, almeno in quanto è istruita mediante la vera filosofia, aspira ai suoi congiunti di lassù, distolta che sia dai desideri del corpo e, inoltre, dalle pene e dal timore».[16] Questi accenti platonizzanti sono però temperati dai passaggi nei quali lo stesso autore, rifiutando il suicidio o la ricerca del martirio, così ammonisce i cristiani tentati di praticarli: «sappiano, questi (cristiani) di falso nome, giacché se la prendono con il corpo, che anche l'armonia fisica contribuisce allo spirito, alle sue buone qualità (...). Attraverso la vita e la salute, lungo la via, veniamo apprendendo la "gnosi" (...); ed è già predisposto ad un abito di eternità colui che nel corpo ha esercitato rettitudine di vita».[17]

Anche Origene identifica l'immagine di Dio con la sola anima: «Quest'uomo di cui si dice che è fatto a immagine di Dio, non lo intendiamo in quanto corporeo, perché non è la figura del corpo che contiene l'immagine di Dio, e dell'uomo corporeo non si dice che è stato fatto, bensì plasmato, come viene detto appresso: *E Dio plasmò l'uomo* – vale a dire, lo modellò – *dal fango della terra*. Questo, invece, che è stato fatto a immagine di Dio, è il nostro uomo interiore, invisibile, incorporeo, incorruttibile, immortale: in tali aspetti infatti si vede più convenientemente l'immagine di Dio. Se invece qualcuno ritiene che sia stato fatto a immagine e somiglianza di Dio questo uomo corporeo, costui sembra indurre che Dio stesso sia corporeo e di figura umana, e un tale concetto di Dio è manifestamente empio».[18] Egli inoltre arriva a pensare – sebbene in versione attenuata rispetto allo gnosticismo – le anime create indipendentemente dai corpi e, in seguito ad una loro caduta celeste, inviate ad espiare nei corpi.[19] L'ombra lunga della svalutazione alessandrina del corpo, ulteriormente attenuata rispetto ad Origene, riuscirà a lambire anche Agostino il quale, nel corso dell'elaborazione della sua teologia trinitaria in rapporto all'antropologia, rilancia l'idea che ad essere "immagine e somiglianza di Dio" non è tutto l'uomo, ma il suo intelletto.[20]

La carne al centro: Ireneo di Lione e Tertulliano di Cartagine

Fu Ireneo di Lione a rispondere direttamente e acutamente agli gnostici Valentiniani, e più in generale, ai sistemi dualistici, con la rielaborazione della grande idea paolina della *ricapitolazione* di tutte le cose in Cristo, perché *tutte* sono state create in lui. Creazione e redenzione compongono lo stesso progetto di salvezza. Antico e Nuovo Testamento sono per lui parti di un unico discorso. Ireneo sviluppa così a fondo questa unità, che sembra ad un certo punto ritenere che la sola novità portata da Cristo con l'incarnazione sia stata la sua presenza visibile.[21]

Il vescovo di Lione insiste sul fatto che Dio non aveva bisogno di nulla per creare il mondo e lo ha creato con le proprie "mani": quando dice "facciamo", chiosa Ireneo, intende le sue due mani, cioè il Figlio e lo Spirito.[22] Il Verbo, Cristo, è dunque presente *da sempre* in mezzo agli uomini ed esercita tra di essi fin dalla creazione la sua opera di rivelazione.[23] Il fatto che il Verbo operi fin dall'inizio in tutti rende unitaria la vicenda religiosa dell'umanità, dalla creazione alla salvezza; infatti: «Dio non è inconoscibile del tutto: mediante il Verbo tutti possono apprendere che c'è un solo Dio Padre che tutto contiene e a tutti dà l'essere».[24]

Ireneo presenta in tal modo un'antropologia unitaria: esiste una sola creazione, e questa avviene ad opera di un unico Dio, che forma l'uomo, anima e corpo insieme, a immagine del Verbo e dello Spirito. È lo stesso Ireneo a compendiare la sua antropologia teologica: «Per mezzo delle mani del Padre, cioè il Figlio e lo Spirito, l'uomo e non una parte dell'uomo, è fatto a immagine e somiglianza di Dio. Ora l'anima e lo spirito possono essere una parte dell'uomo, ma in nessun modo l'uomo: l'uomo perfetto è la mescolanza e l'unione dell'anima, che ha ricevuto lo Spirito del Padre e si è mescolata alla carne plasmata ad immagine di Dio».[25]

L'antropologia unitaria di Ireneo si incontra in Occidente anche nel Tertulliano del periodo ortodosso, di cui sarà sufficiente ricordare il famosissimo passaggio in cui definisce la carne "fondamento della salvezza": *caro salutis est cardo*: «Nessuna anima può in alcun modo conseguire la salvezza, se non ha accolto la fede nel tempo che la vede unita alla carne: a tal punto la carne è il fondamento della salvezza! Quando Dio lega a sé l'anima che si trova nella carne, è la carne stessa che rende possibile tale legame. Ma c'è di più: la carne riceve il lavacro perché siano tolte le macchie dell'anima; la carne riceve l'unzione perché l'anima sia consacrata; la carne riceve il sigillo perché l'anima sia fortificata; la carne è adombrata con l'imposizione delle mani, perché l'anima sia illuminata dallo spirito; la carne si nutre del corpo e del sangue di Cristo, perché anche l'anima si sazi di Dio. Non è possibile, dunque, che non siano unite nella ricompensa due sostanze che hanno agito congiuntamente».[26]

Il magistero "unitario" del VI secolo

Il magistero della Chiesa intervenne nelle questioni antropologiche a due riprese, nel corso del VI sec. Il Sinodo di Costantinopoli del 543, accolto poi da papa Vigilio, prese posizione in favore dell'imperatore Giustiniano contro alcuni monaci palestinesi che stavano rimettendo in circolazione le idee origeniane sulla preesistenza delle anime; il magistero in particolare condannò la tesi secondo la quale le anime, esistenti in cielo prima dei corpi, si sarebbero "raffreddate" (*apopsygéisas*) e perciò per punizione sarebbero state da Dio imprigionate nei corpi;[27] e la tesi per la quale le anime, create necessariamente da Dio, sono coeterne a lui.[28]

La seconda espressione magisteriale fu quella del Concilio di Braga del 561, contro le teorie priscilliane. Vissuto nel IV sec., Priscilliano aveva avviato un movimento ascetico a tendenza dualista di derivazione manichea, sostenendo tra l'altro che l'anima dell'uomo è composta di sostanza divina, mentre il corpo deriva dal diavolo; di conseguenza il matrimonio e la procreazione sono un male e la risurrezione della carne è una stupidità. Il Concilio condannò Priscilliano con una serie di canoni,[29] dei quali alcuni meritano di essere menzionati: il can. 5 condanna l'idea che le anime umane siano derivate dalla sostanza di Dio; il can. 6 esclude che le anime abbiano peccato "nella dimora celeste" e siano state successivamente gettate nei corpi umani; il can. 7 si esprime contro la co-eternità del diavolo e di Dio; e il can. 8 contro l'idea che il diavolo intervenga direttamente in alcuni fenomeni, come la formazione di alcune creature e agenti naturali negativi; il can. 11 condanna la teoria che il matrimonio e la procreazione siano realtà cattive; il can. 12 esclude l'attribuzione al demonio della formazione dei corpi umani e la negazione della risurrezione della carne; il can. 13 condanna l'attribuzione al demonio di ogni realtà corporea; il can. 14, infine, si esprime contro le proibizioni rituali riguardanti la carne, che Priscilliano voleva restaurare.

Il magistero della Chiesa quindi ha fatto propria, senza tentennamenti, l'antropologia unitaria robustamente impiantata da Ireneo, senza lasciare spazio ad alcun dualismo antropologico e, al contrario, riconducendo l'intera realtà umana corporeo-spirituale all'unico Creatore.

1.2. Il magistero anticataro del XIII secolo, S. Francesco e S. Tommaso

Per illustrare questo secondo tornante saranno sufficienti pochi accenni, sia perché le fondamenta erano state saldamente poste dalla teologia antignostica dei primi secoli, alla quale la riflessione successiva tornerà continuamente ad attingere e il magistero a riferirsi, sia perché la portata teologica del dibattito medievale sulla corporeità è stata di peso obiettivamente inferiore rispetto a quella patristica.

Il Concilio Lateranense IV

Nell'intento di recuperare la pratica evangelica *sine glossa*, in polemica con la Chiesa ufficiale e gerarchica, i catari o albigesi rimisero in circolazione dal sec. XI il dualismo di stampo gnostico, con il suo carico di disprezzo della materia, del corpo, della sessualità e del matrimonio. Il sottofondo teoretico di questa posizione non presenta dunque grandi novità rispetto a quanto già elaborato a suo tempo dallo gnosticismo: anche per i catari la materia malvagia deriva da un demone cattivo, mentre lo spirito buono deriva da Dio.

Il Concilio Lateranense IV del 1215 risponde, nel *De fide catholica*, ribadendo semplicemente le verità contenute nel *Credo* con qualche piccola specificazione: alla professione di fede nel solo e vero Dio, Padre, Figlio e Spirito Santo, unico principio di tutto, creatore di tutte le cose visibili e invisibili, spirituali e materiali, aggiunge che Dio ha creato dal nulla l'una e l'altra creatura, spirituale e materiale, compreso il diavolo, che era stato creato buono ed è poi divenuto malvagio da se stesso.[30]

Come già avvenne nel primo millennio, dunque, anche i primi passi del secondo furono segnati da teorie e spiritualità tendenzialmente dualiste; la novità dei catari è semmai quella di un più esplicito richiamo alla Bibbia. Mentre gli gnostici si riferivano a rivelazioni esoteriche in loro esclusivo possesso privato, gli albigesi fanno leva sulle medesime Scritture pubbliche della Chiesa, interpretate però in maniera spiritualistica. L'elemento comune tra i due tornanti è la mancata considerazione della tradizione ecclesiale come alveo di trasmissione e interpretazione autentica della Scrittura. Ireneo si era incaricato di richiamare questa lacuna agli gnostici, esibendo da parte sua la tradizione ininterrotta della Chiesa di Roma e chiedendo ironicamente ad essi quale garanzia, a loro volta, possano mostrare della veridicità delle loro dottrine;[31] il Concilio Lateranense IV si limita, contro i catari, a ricordare e specificare l'antico *Simbolo di fede*, quale pietra miliare di una fede da sempre condivisa nell'unico Creatore.

Sarebbe opportuno sviluppare a questo punto una riflessione sulla materia e il corpo nel *movimento francescano* e nella *teologia tomista*, come condensazione di ciò che la più elevata spiritualità e, rispettivamente, la più alta teologia produssero nel XIII sec. Saranno sufficienti alcuni accenni.

San Francesco d'Assisi

Il movimento francescano delle origini, che nella sua globalità reagisce alla svalutazione della materia e del corpo proprio in nome della centralità dell'incarnazione, ossia del dogma cristologico vissuto all'interno della tradizione ecclesiale cattolica, presenta però riguardo alla corporeità una certa ambivalenza.[32]

Il corpo per Francesco è prima di tutto un dono di Dio creatore, un fratello ("frate corpo"), un luogo in cui Dio trova dimora: e come tale va onorato.[33] Questa concezione positiva dipende da diversi fattori: «l'assenza di qualsiasi vena di catarismo nel pensiero e nella prassi di san Francesco e dei suoi seguaci; il rifiuto da parte di Francesco della pratica ascetica monastica del tempo in nome della libertà evangelica e la conseguente concessione ai suoi frati di accettare e di nutrirsi di qualsiasi cibo venisse loro donato (...); la sua grande devozione al corpo e al sangue del Signore, dagli storici interpretata come risposta di fede di Francesco all'eresia catara che negava la presenza divina nella realtà del corpo e del sangue di Cristo nonché del pane e del vino eucaristici; la familiarità con gli animali, l'ammirazione delle realtà materiali che Francesco ebbe durante tutta la sua vita e che raccomandò con la parola e l'esempio ai suoi seguaci (...). Tutti questi elementi vanno considerati come dati nei quali affiorano e traspaiono un atteggiamento ed una valutazione fondamentalmente e globalmente positivi verso il corpo, la carne, la materia nel suo complesso».[34]

D'altra parte però,non mancano nel francescanesimo degli inizi affermazioni sul corpo e sulla carne di tono decisamente negativo e quasi platonico: il corpo è la "cella dell'anima", il suo rivestimento carnale che lo rende infermo, è il "carcere" dell'uomo durante la sua vita terrena, la "parete" che si interpone tra Dio e l'anima, la causa dell'esilio dell'uomo, il suo nemico che va odiato.[35] Questa seconda serie di affermazioni però, a differenza della prima, «non si colloca sul piano dei principi (...), bensì sul piano dell'esperienza, della sensibilità e, potremmo dire, della "mentalità": tributo che l'anima francescana ha pagato alle stratificazioni profonde della coscienza e della cultura religiose del tempo», secondo le quali il corpo doveva essere mortificato «affinché non disturbasse con le sue esigenze e richieste l'anima impegnata nella ricerca e nella contemplazione delle cose celesti».[36]

Si può concludere che il francescanesimo imposta un sostanziale apprezzamento dogmatico per la corporeità, mentre lascia trasparire una certa diffidenza verso il corpo dal punto di vista spirituale e pratico. Questa tensione si può comprendere come una contraddizione irrisolta: nel primo aspetto il francescanesimo rimarrebbe pienamente dentro il solco della tradizione teologica ecclesiale, mentre nel secondo subirebbe gli influssi della cultura religiosa del tempo. Questa tensione tuttavia si può tuttavia comprendere anche come un attrito intrinseco e connaturato al cristianesimo, una tensione feconda, che da una parte considera biblicamente buono il corpo, in quanto opera del Creatore e assunto dal Redentore; e dall'altra sperimenta le fatiche del corpo ferito dal peccato, tentato dall'egoismo e opaco alla grazia.

San Tommaso d'Aquino

Tommaso aveva a disposizione le tre grandi concezioni della corporeità elaborate dalla patristica – alle quale abbiamo sopra accennato – nel tentativo di individuare l'"immagine e somiglianza di Dio" nell'uomo: quella di Ireneo, quella degli alessandrini e la variante agostiniana.[37] L'Aquinate evita di sposare la linea alessandrina: egli infatti «non scrive mai che il corpo non è immagine di Dio oppure che l'uomo è immagine di Dio esclusivamente secondo l'anima»:[38] in questo si distanzia chiaramente dalla linea di Clemente e Origene. Egli, al contrario, ricorda più volte la nobiltà del corpo umano, costituito da una organizzazione molto equilibrata delle parti, da lui chiamata *temperantissima complexio*: il corpo umano infatti risulta da un'armoniosa composizione dei quattro elementi che formano il mondo sublunare, ossia aria, terra, fuoco e acqua. Se questo equilibrio esiste, per Tommaso è comunque dovuto all'anima, che non è solo causa formale e finale, ma anche causa efficiente dell'armonia corporea.[39]

L'unione tra anima e corpo, per il Dottore angelico, non è quindi semplicemente di tipo accidentale: l'anima è invece la forma del corpo. In conclusione: «Tommaso afferma che tutto l'uomo, nella sua integralità di anima e corpo, gode del privilegio di essere a immagine di Dio. L'uomo è a immagine di Dio a motivo della sua natura specifica, cioè della sua natura spirituale. Ma anche la corporeità partecipa della dignità di essere a immagine di Dio. Perciò l'immagine divina è globalmente riferita all'uomo come totalità».[40]

Papa Innocenzo III e le venature spiritualiste

Costituisce una singolare contraddizione il fatto che proprio il papa del Lateranense IV e dei primi passi di Francesco d'Assisi, Innocenzo III (+ 1216), in una sua operetta scritta tra il 1191 e il 1198 quando ancora era Lotario di Segni, intitolata *De contemptu mundi*, scriva pagine di impronta marcatamente platonica, dove il corpo è prigione dell'anima e il cadavere – corpo senz'anima – oggetto di disprezzo: «O me infelice, chi ci libererà dal carcere di questo corpo? Non può uscir dal carcere chi non vuol uscire dal corpo (...). Il corpo è dunque carcere dell'anima. Mai quiete né tranquillità, mai pace né sicurezza, ma sempre timore e tremito, fatica e dolore. La carne finché vive soffre, e l'anima è destinata al pianto». E ancora: «Uscirà dal corpo lo spirito di lui, e non volontariamente, ma contro il suo volere (...). L'uomo è concepito di sangue guasto per l'ardore della libidine, e al suo cadavere fanno assistenza i vermi della tomba. Vivo generò pidocchi e lombrichi, morto genererà vermi e tafani. Vivo produce sterco e vomito, morto produce putredine e fetore».[41]

Pur tenendo conto del gusto dell'eccesso verbale tipico dell'ascetismo-medievale, e della tensione tra anima e corpo dovuta al peccato, testi come questo danno pienamente ragione a papa Benedetto XVI quando, nella sua prima enciclica, notava che «oggi non di rado si rimprovera al cristianesimo del passato di esser stato avversario della corporeità; di fatto, tendenze in questo senso ci sono sempre state».[42]

Più nella pratica che nella teoria, più nella spiritualità che nella teologia, talvolta la visione platonica del corpo ha prevalso anche nel cristianesimo e, come una vena sotterranea che di tanto in tanto emerge dal terreno, ha rappresentato una tentazione per alcune correnti ascetiche e spirituali cristiane: pensiamo solo al movimento dei cosiddetti *flagellanti*, che dalle seconda metà del XIII sec., per un paio di secoli, caratterizzarono le processioni e le manifestazioni religiose, battendosi il corpo con fruste per evidenziare la necessità di mortificarlo. Proprio nelle epoche e qualche volta nelle stesse persone che, a partire dalla fede nella creazione e nell'incarnazione, professavano la bontà essenziale del corpo, spuntano dunque accentuazioni di stampo spiritualista. Rimane comunque vero che l'impianto della fede cristiana, anche nel periodo medievale, rimane saldamente ancorato al valore della corporeità e respinge i tentativi di identificare *sic et simpliciter* l'uomo con l'anima o lo spirito.

1.3. La riflessione teologica e magisteriale del XX secolo sulla corporeità

Per una singolare coincidenza storica, come l'inizio dei due millenni precedenti anche l'inizio del terzo è contrassegnato da una scissione antropologica tra anima e corpo. La differenza con i due tornanti precedenti sta nella conclusione, non nelle premesse: il punto di partenza è sempre lo stesso, la separazione tra corpo e spirito; all'inizio del primo e del secondo millennio la tentazione fu di assolutizzare il polo spirituale, mentre oggi si assolutizza quello materiale.

Una nuova versione della separazione tra spirito e corpo

Il contesto è radicalmente mutato rispetto ai primi due periodi considerati: il dualismo ora è completamente sbilanciato sul polo del corpo e della materia. Si può facilmente leggere nella nostra cultura occidentale attuale la tendenza ad una triplice esaltazione. In primo luogo l'esaltazione della *materia* per se stessa: all'importanza del possesso è succeduta quella del consumo e ora addirittura quella dell'acquisto: spesso tra l'acquisto e il bisogno non vi è alcun legame oggettivo, ma si acquista per "sentirsi vivi" o "per togliersi una voglia".[43]

In secondo luogo l'esaltazione del *corpo* per se stesso: sganciato dallo spirito, il corpo viene coltivato come un "qualcosa" fine a se stesso; in questa linea si possono leggere certe cure corporee maniacali, come l'impiego sproporzionato di accorgimenti estetici – a volte restauri mal riusciti – o il successo del *body building* o i tanti movimenti salutisti, il vegetarianesimo come filosofia o addirittura come religione e così via.

Da ultimo l'esaltazione del *sesso* fine a se stesso: separato dall'amore e spesso anche dall'affetto, il sesso diventa pura ricerca erotica, uno svago ripagato solo dal piacere immediato, senza alcun progetto nel quale viverlo. Allora la metodologia nella quale si vive la sessualità è la seduzione, dove la corporeità sessuata è semplice strumento e l'altro eventualmente coinvolto un mezzo; l'altro diventa come una merce, oggetto di possesso, di consumo e a volte anche di acquisto. Ne è emblema la pornografia, diffusa in modo impressionante oggi da *internet,* che sotto le apparenze della liberazione sessuale, esibisce in realtà lo sfruttamento e lo svilimento del corpo. Ciò che sembrerebbe esaltazione della materia, del corpo e della sessualità, finisce così per diventare un *boomerang* che si ritorce contro la persona, scissa nella sua natura tra un corpo ridotto a strumento e uno spirito che, non vivendo alcun progetto, finisce per smarrire ogni orizzonte di senso.

Il fatto è che l'uomo, come non si può dire che semplicemente "ha" un corpo, così non si può neppure identificare con il suo corpo, non si può dire che "è" un corpo. Egli è unità psicofisica, è una persona bidimensionale; il *corpo* è il suo essere situato nella storia e nel cosmo, è il suo ancoraggio alla realtà concreta; l'*anima* è il suo essere intelligente e volitivo, la sua relazione cosciente a Dio, agli altri, a se stesso e al mondo. Queste e molte altre riflessioni, fatte proprie soprattutto dal magistero del Vaticano II, di San Giovanni Paolo II, di papa Benedetto XVI e di papa Francesco, sono state coltivate ed approfondite prima di tutto dalla filosofia *personalista* dell'inizio del XX sec.: filosofia di autentica ispirazione cristiana.

Personalismo filosofico ed antropologia biblica concordano nel professare l'unità psicofisica della persona umana. Prendiamo come campione rappresentativo il filosofo E. Mounier, che scriveva a metà del secolo scorso: «L'uomo è un corpo allo stesso titolo che è spirito: tutto intero "corpo" e tutto intero "spirito" (...). L'unione indissolubile dell'anima e del corpo è il perno del pensiero cristiano. Esso non contrappone lo "spirito" ed il "corpo" o la "materia" nella loro accezione moderna. Lo "spirito", nel significato complesso che assume nello spiritualismo moderno e che indica insieme pensiero (*nous*), anima (*psyche*) e soffio vitale, si fonde nell'esistenza col corpo. Quando questa totalità si orienta in senso opposto alla vocazione soprannaturale dell'uomo, il cristianesimo chiama questo movimento la carne ed esprime in tal modo, perfettamente, e la pesantezza dell'anima e quella dei sensi. Quando anela a Dio, il corpo e l'anima collaborano insieme al regno spirituale (*pneuma*), al solido regno di Dio e non all'etereo regno dello spirito (...). Stando alla teologia medievale, noi non possiamo di solito elevarci alle più alte realtà spirituali ed a Dio stesso se non superando la materia, attraverso la violenza che esercitiamo su di essa; in effetti è ancora il disprezzo greco per la materia, che sussiste, tramandatoci attraverso i secoli fino ai nostri giorni, sotto false giustificazioni cristiane. Ma oggi bisogna riassorbire questo nocivo dualismo, sia nella nostra vita pratica sia nel nostro pensiero: l'uomo è un essere naturale; in virtù del suo corpo fa parte della natura, ed il suo corpo è dovunque egli si trovi; bisogna trarne le conseguenze».[44]

Il Concilio Vaticano II

In questo solco personalista, tracciato dal migliore pensiero cristiano contemporaneo, si muovono gli accenni conciliari alla corporeità, ma soprattutto la grande e profonda riflessione di papa Giovanni Paolo II.

Il Concilio Vaticano II, specialmente nella Costituzione *Gaudium et Spes* (*GS*), al n. 14, pone esplicitamente la corporeità tra gli elementi costitutivi dell'uomo: nei confronti del corpo ritiene ugualmente sbagliati sia il disprezzo sia l'esaltazione. «Unità di anima e di corpo, l'uomo sintetizza in sé, per la sua stessa condizione corporale, gli elementi del mondo materiale, così che questi attraverso di lui toccano il loro vertice e prendono voce per lodare in libertà il Creatore. Allora, non è lecito all'uomo disprezzare la vita corporale; egli anzi è tenuto a considerare buono e degno di onore il proprio corpo, appunto perché creato da Dio e destinato alla risurrezione nell'ultimo giorno».

Questo rispetto tuttavia non deve scadere nell'esaltazione del corpo di sapore pagano e idolatrico. Non si deve infatti dimenticare che l'uomo, ferito dal peccato d'origine, «sperimenta le ribellioni del corpo»; se per la dignità di cui è rivestito l'uomo è chiamato a glorificare Dio nel proprio corpo, per le divisioni introdotte dal peccato nella natura umana egli è impegnato a lottare per non permettere che il corpo «si renda schiavo delle perverse inclinazioni del cuore».

Papa Giovanni Paolo II

Papa Giovanni Paolo II, che partecipò ai lavori del Concilio come giovane vescovo, si era notoriamente impegnato a fondo nella riflessione antropologica soprattutto nell'elaborazione della *GS* e, ancora prima, da professore di filosofia a Lublino aveva già pubblicato un importante volume sull'amore, la coppia, e il matrimonio.[45] Nei primi anni del suo ministero papale dedicò un amplissimo spazio al tema della corporeità, della sessualità e del matrimonio. Sono addirittura 129 le catechesi, tenute nelle udienze generali tra il 1979 e il 1984,[46] che in maniera diretta o indiretta parlano della corporeità umana. Il tessuto di questa vera e propria "teologia del corpo", come lui stesso l'ha definita nell'ultima di tali udienze, mirava a recuperare l'enorme ricchezza biblica e teologica della riflessione ecclesiale sulla corporeità, contrastando dalla prima all'ultima riga quella scissione tra spirito e corpo che è alla base di tutte le storture antiche e moderne.

Potrebbe meravigliare questa attenzione così insistita ad un argomento ritenuto da molti "lontano" dagli interessi della Chiesa; ma è proprio vero il contrario, come affermava audacemente il papa stesso in un passaggio che vale la pena di ricordare: «Il fatto che la teologia comprenda anche il corpo non deve meravigliare né sorprendere nessuno che sia cosciente del mistero e della realtà dell'Incarnazione. Per il fatto che il Verbo di Dio si è fatto carne, il corpo è entrato, direi, attraverso la porta principale nella teologia, cioè nella scienza che ha per oggetto la divinità».[47]

Che non si tratti di pensieri casuali e peregrini, è dimostrato anche dalle ripetute menzioni della corporeità in interventi successivi dello stesso pontefice. Per ricordare solo qualche passaggio: «Il corpo, secondo la concezione cristiana, è meritevole di giusto interesse, di vero rispetto, di cure amorose e sapienti, rivestito com'è di connaturata dignità, capace di una misteriosa sacralità e destinato alla vittoria ultima sulla stessa morte, come ci insegna la nostra fede».[48] «Poiché pensiamo che ciascun individuo sia una unità vivente e che il corpo umano non sia semplicemente uno strumento o un possesso, ma che è partecipe del valore dell'individuo in quanto essere umano, ne risulta che il corpo umano non può in alcun modo essere trattato come una cosa di cui disporre a proprio piacimento».[49]

Di grande importanza è poi il n. 11 dell'Esortazione apostolica *Familiaris consortio,* dove Giovanni Paolo II parla di "totalità unificata" dell'uomo, offrendo quasi un concentrato delle riflessioni svolte nelle sue numerose udienze. Ne ricordiamo qualche passaggio: «Dio iscrive nell'umanità dell'uomo e della donna la vocazione, e quindi la capacità e la responsabilità dell'amore e della comunione. L'amore è, pertanto, la fondamentale e nativa vocazione di ogni essere umano. In quanto spirito incarnato, cioè anima che si esprime nel corpo e corpo informato da uno spirito immortale, l'uomo è chiamato all'amore in questa sua totalità unificata. L'amore abbraccia anche il corpo umano e il corpo è reso partecipe dell'amore spirituale».[50]

Un inno alla bellezza del corpo è l'omelia pronunciata da Giovanni Paolo II in occasione dell'inaugurazione della Cappella Sistina restaurata: «la *Cappella Sistina* è proprio – se così si può dire – *il santuario della teologia del corpo umano*. Nel rendere testimonianza alla bellezza dell'uomo creato da Dio come maschio e femmina, essa esprime anche, in un certo modo, *la speranza di un mondo trasfigurato*, il mondo inaugurato dal Cristo risorto, e prima ancora dal Cristo del monte Tabor (...). *Se davanti al Giudizio Universale rimaniamo abbagliati dallo splendore e dallo spavento*, ammirando da un lato i corpi glorificati e dall'altro quelli sottoposti a eterna condanna, comprendiamo anche che l'intera visione è profondamente pervasa da un'unica luce e da un'unica logica artistica: *la luce e la logica della fede che la Chiesa proclama confessando*: "Credo in un solo Dio... creatore del cielo e della terra, di tutte le cose visibili e invisibili". Sulla base di tale logica, nell'ambito della luce che proviene da Dio, anche il corpo umano conserva il suo splendore e la sua dignità. Se lo si stacca da tale dimensione, diventa in certo modo un oggetto, che molto facilmente viene svilito, poiché soltanto dinanzi agli occhi di Dio il corpo umano può rimanere nudo e scoperto e conservare intatto il suo splendore e la sua bellezza».[51]

Papa Benedetto XVI

Nella sua prima enciclica papa Benedetto XVI dedicava al corpo un ampio passaggio, che rappresenta il suo apporto maggiore all'argomento: «L'uomo diventa veramente se stesso, quando corpo e anima si ritrovano in intima unità; la sfida dell'*eros* può dirsi veramente superata, quando questa unificazione è riuscita. Se l'uomo ambisce di essere solamente spirito e vuol rifiutare la carne come una eredità soltanto animalesca, allora spirito e corpo perdono la loro dignità. E se, d'altra parte, egli rinnega lo spirito e quindi considera la materia, il corpo, come realtà esclusiva, perde ugualmente la sua grandezza. L'epicureo Gassendi, scherzando, si rivolgeva a Cartesio col saluto: "O Anima!". E Cartesio replicava dicendo: "O Carne!". Ma non sono né lo spirito né il corpo da soli ad amare: è l'uomo, la persona, che ama come creatura unitaria, di cui fanno parte corpo e anima. Solo quando ambedue si fondono veramente in unità, l'uomo diventa pienamente se stesso. Solo in questo modo l'amore – l'*eros* – può maturare fino alla sua vera grandezza. Oggi non di rado si rimprovera al cristianesimo del passato di esser stato avversario della corporeità; di fatto, tendenze in questo senso ci sono sempre state. Ma il modo di esaltare il corpo, a cui noi oggi assistiamo, è ingannevole. L'*eros* degradato a puro "sesso" diventa merce, una semplice "cosa" che si può comprare e vendere, anzi, l'uomo stesso diventa merce. In realtà, questo non è proprio il grande sì dell'uomo al suo corpo. Al contrario, egli ora considera il corpo e la sessualità come la parte soltanto materiale di sé da adoperare e sfruttare con calcolo. Una parte, peraltro, che egli non vede come un ambito della sua libertà, bensì come un qualcosa che, a modo suo, tenta di rendere insieme piacevole ed innocuo. In realtà, ci troviamo di fronte ad una degradazione del corpo umano, che non è più integrato nel tutto della libertà della nostra esistenza, non è più espressione viva della totalità del nostro essere, ma viene come respinto nel campo puramente biologico. L'apparente esaltazione del corpo può ben presto convertirsi in odio verso la corporeità. La fede cristiana, al contrario, ha considerato l'uomo sempre come un essere uni-duale, nel quale spirito e materia si compenetrano a vicenda sperimentando proprio così ambedue una nuova nobiltà».[52]

Questa pagina è talmente densa che ad ogni riga, per il lettore teologicamente accorto, affiorano riferimenti a discussioni, equivoci, dispute, riflessioni. La posizione di papa Benedetto, che riassumeva la migliore eredità cristiana sulla relazione corpo-anima, è limpida e non lascia adito ad equivoci: né il corpo da solo né l'anima da sola definiscono l'uomo; l'antropologia cristiana è "uni-duale", poiché vi si integrano anima e corpo come due dimensioni inscindibili e reciprocamente arricchenti. Quando questa unità uni-duale si rompe, per l'esaltazione unilaterale dell'anima o del corpo, l'uomo si riduce ad una caricatura di se stesso: e il primo elemento che perde significato, in entrambi i casi, è la sessualità.

Papa Francesco

Papa Francesco, nell'esortazione post-sinodale *Amoris Laetitia*, riprende ampiamente il pensiero di papa Wojtyla, specialmente là dove scrive: «a coloro che temono che con l'educazione delle passioni e della sessualità si pregiudichi la spontaneità dell'amore sessuato, san Giovanni Paolo II rispondeva che l'essere umano è "chiamato alla piena e matura spontaneità dei rapporti", che "è il graduale frutto del discernimento degli impulsi del proprio cuore". È qualcosa che si conquista, dal momento che ogni essere umano "deve con perseveranza e coerenza imparare che cosa è il significato del corpo". La sessualità non è una risorsa per gratificare o intrattenere, dal momento che è un linguaggio interpersonale dove l'altro è preso sul serio, con il suo sacro e inviolabile valore. In tal modo "il cuore umano diviene partecipe, per così dire, di un'altra spontaneità". In questo contesto, l'erotismo appare come manifestazione specificamente umana della sessualità. In esso si può ritrovare "il significato sponsale del corpo e l'autentica dignità del dono". Nelle sue catechesi sulla teologia del corpo umano, san

Giovanni Paolo II ha insegnato che la corporeità sessuata "è non soltanto sorgente di fecondità e di procreazione", ma possiede "la capacità di esprimere l'amore: quell'amore appunto nel quale l'uomo-persona diventa dono". L'erotismo più sano, sebbene sia unito a una ricerca di piacere, presuppone lo stupore, e perciò può umanizzare gli impulsi».[53]

2. PER UNA TEOLOGIA DEL CORPO

Un dato è emerso nei richiami alla tradizione della prima parte: nell'antropologia cristiana l'uomo nello stesso tempo e inscindibilmente *è* un corpo e *ha* un corpo: questa duplice qualità, messa a punto ultimamente nel personalismo, fonda le sue relazioni con il mondo e la storia: il fatto di "essere" corpo pone l'uomo in relazione di immanenza con il mondo, così che egli non può pensare ne' agire senza dipendere dal suo corpo e dalla materia; il fatto di "avere" un corpo pone l'uomo in relazione di trascendenza con il mondo, così che egli non si esaurisce semplicemente nella sua corporeità e in una serie di rapporti materiali, ma conserva la coscienza e la libertà che ne regolano l'agire.

Il punto di aggancio della concezione personalista è l'*antropologia biblica*, riconosciuta a sua volta da tutti gli studiosi come sostanzialmente *unitaria*; pur presentando tracce di dualismo, considerata globalmente riconduce infatti il principio corporeo e quello spirituale non a due origini differenti, bensì ad un unico principio, che deriva dall'unicità del Creatore e, nel Nuovo Testamento, del Salvatore.[54] Cercheremo quindi di articolare l'antropologia biblica con il personalismo cristiano e con il pensiero teologico, i quali del resto trovano in essa il loro fondamento.

Dal mistero del corpo di Cristo al mistero del corpo umano

In questo "assaggio" non potremo seguire tutte le suggestioni sul corpo provenienti dalla Scrittura e dalla tradizione ecclesiale – ad es. quelle riguardanti la Chiesa come corpo e l'eucaristia – ma cercheremo semplicemente di annodare attorno al *mistero del corpo di Cristo* nato, crocifisso e risorto alcune riflessioni utili per cogliere *l'esigente bellezza del corpo* nella prospettiva teologica cristiana, dal punto di vista dottrinale, morale e spirituale. La fede cristiana può infatti fondare una visione realistica del corpo, capace di dare ossigeno ad un umanesimo piuttosto affannato, a partire dal corpo di Cristo, perno dell'opera salvifica.

Et incarnatus est: l'inchino che la liturgia prescrive alla proclamazione del *Simbolo* è un inchino alla corporeità, o meglio all'assunzione della corporeità da parte del Verbo di Dio. Non ci viene chiesto un inchino alla paternità divina e nemmeno all'agire del Creatore o dello Spirito: ci viene chiesto al corpo di Gesù nato da Maria; che merita anche la genuflessione nella liturgia natalizia, così come il corpo morto di Gesù la merita nella liturgia del Venerdì Santo e della Domenica delle Palme, alla lettura del *Passio*. La tradizione cristiana cioè, fin dall'inizio, ha riconosciuto nell'evento di Gesù, Dio fatto uomo, il cardine della salvezza umana.

È dal mistero del corpo di Gesù Cristo che prende luce il mistero del corpo umano: un mistero segnato dalla dimensione oblativa, dall'essere interamente "per" il Padre e i fratelli. Il *corpo che si fa dono*, realizzato in pienezza a Gesù, raggiunge il suo autentico significato oggettivo: quello, appunto, di "essere per". E a loro volta il mistero dell'eucaristia e il mistero della Chiesa, dette entrambe "corpo di Cristo", esprimono e sostengono la logica del corpo umano come *dono*: dono del Signore ai suoi fedeli nel pane eucaristico, dono reciproco dei fedeli tra di loro e al mondo nel corpo ecclesiale. La considerazione del triplice mistero che si è compiuto nel corpo di Cristo – incarnazione, morte e risurrezione – ci condurrà così ad alcune importanti conseguenze riguardanti la corporeità umana.

2.1. Corpus natum

Il mistero dell'incarnazione del Figlio di Dio deve essere considerato in due maniere, statica l'una e dinamica l'altra.

L'unione ipostatica del Verbo con l'uomo Gesù: prospettica ontologica

La prima è la concezione classica dell'unione ipostatica, che rappresenta dentro al Nuovo Testamento un'acquisizione tardiva ma irrinunciabile. L'idea di "incarnazione" si può ricavare da Gv 1,14 ("il Verbo si fece carne/*sarx*") ed Ebr 10,5-6 ("un corpo/*soma* invece mi hai preparato", attribuzione al Cristo del Sal 39,7-8): che dunque solo nell'ultima fase degli scritti neotestamentari sia stata coniata questa categoria è noto e non richiede particolari dimostrazioni.

Il contenuto dell'incarnazione però, per quanto il concetto possa essere tardivo, è stato sempre professato dai cristiani: basterebbero a dimostrarlo l'*incipit* del Vangelo di Marco, il più antico dei quattro: "Vangelo di Gesù Cristo, Figlio di Dio" (Mc 1,1), o l'ancora più antico inno di Fil 2,6-7, che adotta lo schema cristologico discendente prima di quello ascendente: "pur essendo nella condizione di Dio, non ritenne un privilegio l'essere come Dio, ma svuotò se stesso assumendo una condizione di servo, diventando simile agli uomini". Per il nascente cristianesimo è infatti irrinunciabile la coincidenza in Gesù di Nazareth della divinità e dell'umanità: e fu proprio su questa base, come è emerso nella prima parte, che la patristica respinse decisamente ogni forma di docetismo.

Senza l'adozione della fede nell'unione ipostatica, Cristo sarebbe ridotto ad una figura mitica e il cristianesimo si potrebbe manipolare a piacere, plasmandolo "ad immagine e somiglianza" delle diverse ideologie che si succedono nella storia. Sarebbe infatti – anzi, lo è stato più volte – molto semplice proiettare su un Gesù-solo-uomo le proprie attese: ottenendo a seconda dei casi un Gesù maestro di verità razionali e universali, un Gesù rivoluzionario marxista, oppure un *hippy*, o un agitatore apocalittico, un mago e così via. Sarebbe ugualmente semplice manipolare un Cristo-eone-divino, semplicemente "apparso" in un corpo: lo si potrebbe far apparire dovunque ci sia bisogno per legittimare qualsiasi idea o sentimento religioso. La fede nell'unione ipostatica invece, che àncora la rivelazione e la salvezza alla persona di Gesù uomo e Dio, impedisce queste riduzioni ed esalta di riflesso *la dignità del corpo umano* come luogo di rivelazione e di salvezza, dimora del Verbo di Dio, impedendone un'interpretazione puramente strumentale, sia nella direzione materialista che in quella spiritualista.

La progressiva immersione del Figlio nell'umano: prospettiva esperienziale

L'altra ottica dalla quale va considerato il mistero dell'incarnazione è più dinamica: il Figlio di Dio, ontologicamente uomo dal momento dell'unione ipostatica, "intensifica" la sua umanità in modo proporzionale alle esperienze che vive come uomo. Questo aspetto, evidentissimo nei Vangeli Sinottici, è presente anche in Ebr accanto alla concezione statica: Cristo, il Figlio, "imparò l'obbedienza dalle cose che patì, e reso perfetto"... (5,8-9). Gesù "impara", si "perfeziona" a mano a mano che si innesta nell'esistenza umana e vive le esperienze tipiche degli esseri umani. Gesù ha infatti percorso gradualmente tutti i gradini dell'umano, passando attraverso le esperienze che segnano la vita terrena: nascita, crescita, persecuzione, relazioni familiari, amicizia, fame, precarietà, successi e delusioni, gioie e sofferenze, senso della comunione con il Padre ma anche senso della sua lontananza.

Negli ultimi decenni i teologi stanno recuperando una sorta di *cristologia del quotidiano*, una cristologia per così dire minore, che fa leva sulla carne di Gesù come luogo di relazione con la storia e con il cosmo nella loro dimensione ordinaria, fatta di intrecci con le persone e le loro esperienze quotidiane, con la natura anche nelle sue manifestazioni minime, con gli elementi del mondo materiale e cosmico.[55] In questa cristologia la corporeità di Gesù viene considerata come il luogo nel quale si realizza una sorta di osmosi tra Dio e l'umanità: il "tempio del suo corpo" (Gv 2,21) è il santuario vivo nel quale il Padre e i fratelli si incontrano.

L'incontro avviene *ontologicamente* nell'unione ipostatica, che però si realizza *esistenzialmente* mano a mano che Gesù, vivendo l'esperienza terrena, matura un affidamento sempre più pieno al Padre ed una condivisione sempre più piena con i fratelli. Sulla croce, con "l'offerta del corpo/*soma* di Gesù Cristo" (Ebr 10,10), si compie questo cammino e si realizza la sua perfetta mediazione tra Dio e gli uomini. Più ancora che la fede ebraica nella creazione divina "di tutte le cose, visibili e invisibili", assunta dai cristiani, è la fede neotestamentaria nell'incarnazione del Verbo di Dio in Gesù la base solida per l'apprezzamento della corporeità umana.

Come è emerso nella prima parte di questo studio, il cristianesimo dei primi secoli dovette contrastare proprio il grande tentativo gnostico di inglobare l'evento cristiano dell'incarnazione nell'ideologia ellenistico-platonica della liberazione spirituale dal corpo».[56]

L'incompatibilità dello gnosticismo con la professione di fede cristologica fu il motivo di fondo per cui la Chiesa seppe respingere con fermezza l'abbraccio gnostico anche il campo antropologico. La relazione tra "corpo e anima", uno dei capitoli classici delle religioni e delle filosofie di ogni tempo,[57] si misurò in tal modo con una *cristologia integrale*, che non accettò mai di sminuire lo spessore umano di Cristo, del quale fanno parte sia l'anima sia il corpo.

Dal mistero dell'incarnazione, che ricapitola quello della creazione, risultano illuminati alcuni significati della *corporeità umana*: ne cogliamo ora tre, che riguardano il corpo generato, il corpo legato e il corpo sessuato.

Il corpo generato: una preziosa passività

Gesù è Figlio di Dio, e come tale è "generato, non creato" dal Padre; ma è anche figlio di Maria, e come tale è "nato da donna" (cf. Gal 4,4). L'esperienza della *generazione e nascita* da Maria, da parte di Gesù, è una sorta di proiezione terrena della sua originaria "passività" intratrinitaria. Cristo è figlio non solo nel seno del Padre dall'eternità ma anche nel seno della madre a partire da un momento preciso del tempo. Egli è veramente e compiutamente "figlio", in entrambe le dimensioni del suo essere: la natura umana e quella divina. Il corpo umano di Gesù, come quello di qualunque altro, è stato concepito, accolto, accudito, pulito, nutrito, curato... L'assunzione dell'esperienza della nascita da parte del Figlio di Dio dà alla nascita di ogni uomo una dignità altissima.

Raramente si riflette sulla nascita: essa magari attira l'attenzione per un attimo, il tempo di venire al mondo da parte di un bimbo, ma poi per lo più si dà per scontata, quasi riguardasse solo l'attimo dell'ingresso nella vita. È vero che l'atto di nascere – il momento nel quale, si potrebbe dire, l'essere umano più si identifica con il suo corpo – è di per sé un istante: può perfino essere datato con precisione, individuandone non solo il giorno e l'ora, ma anche il minuto esatto; però *l'essere-nati* è per sempre. Noi non siamo solo *nati,* ma siamo *dei nati*: e lo siamo fino all'ultimo momento della vita.

All'origine dell'esistenza di ciascun uomo si colloca una *passività*, un ricevere, che lo definisce per sempre.[58] Un essere umano esiste non perché si è scelto, si è programmato e costruito; esiste perché è stato concepito da altri e accolto da altri. La vita esiste dunque come una *consegna*: e quando l'uomo se ne rende conto è tardi: ormai è nato, ormai esiste A questo punto può al massimo tentare di togliersi la vita, ma non può fare in modo di non *essere-nato*; in altre parole, può cancellarsi esistenzialmente ma non ontologicamente. L'uomo nasce così come essere completamente *dipendente*: ha necessità assoluta di affidarsi, deve essere accudito se si vuole che sopravviva. Il bisogno vitale di relazioni buone, di qualcuno che “si prenda cura”, è inciso nell’evento stesso del nascere. Bisogno vitale, che non è appena una necessità pratica: è prima di tutto *bisogno di essere amato*. Chi non si sente amato, si deprime e si lascia morire già dalla prima infanzia. Siamo di fronte alla vera e originaria necessità dell’uomo, che non è quella di amare, ma prima di tutto di essere amato.

Ciò che definisce l’essere-nati è proprio il presentarsi del corpo, il suo imporsi come dato: se il corpo non “viene alla luce”, non viene alla luce l’uomo. Il corpo precede e comincia a funzionare prima della mente; i bisogni concreti precedono il pensiero astratto. L’uomo esiste prima come “carne” e solo in seguito come “pensiero” e “parola”: quando poi gode dell’autocoscienza, quando sa di esistere, si trova ad avere un corpo già perfettamente funzionante, un corpo che potrà poi magari ritoccare o anche rifiutare, ma non rifare. Non ha quindi scelto di avere *questo* corpo, con la sua forma, il suo aspetto, il suo peso, la sua statura: il corpo è in un certo senso assegnato. A quel punto l’uomo può accogliere il proprio corpo, trattarlo bene, costruire una relazione positiva con esso e accettarne anche i difetti, ascoltarlo senza forzarlo a ritmi disumani, vivere in esso relazioni di dono verso i suoi simili; oppure al contrario può rifiutarlo, tradirlo sognando un altro corpo ideale, farne strumento di esibizione, di egoismo e ricerca del piacere fine a se stesso.

Che cosa determina la scelta tra questi due possibili atteggiamenti: una scelta che rappresenta l’orientamento fondamentale dell’esistenza, ma che va poi giorno per giorno rinnovata? Su questa scelta influisce certamente lo *standard* psicosociale: il confronto con i modelli, che determina buone dosi di frustrazione nella massa delle persone “normali” e in alcune arriva a scatenare atteggiamenti di rivalità ed esibizionismi di varia natura, nella continua ricerca di un corpo perfetto da porre all’ammirazione degli altri e nella continua paura di perderlo.

Ma esiste un influsso più profondo: più ancora che le interazioni sociali sono quelle *familiari* a marcare il rapporto di ciascuno con il proprio corpo. Quando l’uomo si rapporta coscientemente con la propria dimensione corporea, il suo corpo è già passato attraverso tante mani: è stato pulito, sfamato, coccolato, accarezzato, e qualche volta punito o addirittura, purtroppo, violato. Quel corpo, già plasmato da tante relazioni, risulterà tanto più accettabile quanto più è stato *di fatto* accolto dalle persone che lo hanno trattato: ed il rapporto tra passività ed attività è così stretto da poter dire – senza cadere nel determinismo – che le relazioni future della vita adulta risulteranno profondamente segnate dalle relazioni sperimentate nella vita neonatale e infantile; più concretamente, la qualità dell’amore che l'essere umano poi riuscirà a dare è marcata dalla qualità dell’amore che ha ricevuto nei primi tempi della sua vita. Il fatto che ciascun essere umano abbia vissuto esperienze nelle quali si è sentito accolto ed altre in cui invece si è sentito respinto, spiega l’*ambivalenza* psico-affettiva che ogni persona vive nei confronti della propria corporeità, e quindi di quella degli altri, alternando in diversa misura accoglienza e rifiuto.

Il corpo legato: le relazioni vitali

L'essere-nati, il legame originario, pone il nostro corpo in una stretta *relazione con il mondo:* gli altri, la natura, la storia. Il Figlio di Dio divenuto carne ha intrecciato la sua esistenza, dall'inizio alla fine, con il mondo: gli altri esseri umani (genitori, amici, folle, discepoli, nemici…), la natura (paesi e villaggi, lago, pianura, monte, cielo, alberi, animali…), momenti precisi della storia (romana e giudaica). La corporeità di Gesù, dal concepimento alla morte, non fa altro che mescolarlo con la vicenda umana. E sintomatico che alla fine della sua vita, quando decide di raccoglierne il senso e trasmetterlo in un unico gesto all'umanità, non dica: "prendete, questa è la mia anima", bensì "prendete, questo è il mio corpo" (Mc 14,22 par.); così come è altrettanto sintomatico che l'apostolo Paolo parli della Chiesa non come "anima di Cristo" ma come " corpo di Cristo" (cf. 1 Cor 12,27).

L'altissima stima nutrita dai cristiani verso il corpo di Gesù, sulla base delle sue stesse parole nell'ultima Cena e alla luce della sua risurrezione, li porta per così dire a *dilatare* la sua presenza corporea nella storia, sia attraverso l'eucaristia e la Chiesa. Il mistero del *corpus Christi triplex*, scandagliato in modo esemplare da H. De Lubac nel suo fondamentale studio sulle fonti medievali,[59] prende avvio da 1 Cor 10,16b-17: "il pane che noi spezziamo, non è forse comunione con il corpo di Cristo? Poiché vi è un solo pane, noi siamo, benché molti, un solo corpo: tutti infatti partecipiamo all'unico pane". L'ambiguità di Paolo, che chiama corpo/*soma* sia la persona fisica di Gesù sia la comunità cristiana, è intenzionale e teologicamente preziosa: il pane eucaristico è tramite fra il corpo di Gesù nato, morto e risorto e il corpo ecclesiale. Il "triplice corpo" è sempre quello di Cristo, che ha preso forma nel grembo di Maria, è stato crocifisso, è risorto e ora è glorificato, che continua a donarsi nel pane consacrato e che si rende accessibile nella Chiesa, costantemente alimentata e sostenuta da Cristo stesso.

Un altro grande teologo del Novecento, H.U. von Balthasar, discepolo di De Lubac, scrive dell'eucaristia come «meditazione retrospettiva sull'avvenimento nel quale la Chiesa è stata costituita in quanto tale, nell'espansione della realtà corporeo-spirituale di Gesù come Figlio del Padre, dalla sua individualità limitata e terrena, dentro la realtà sociale della Chiesa che è sorta da questa espansione soltanto».[60] La corporeità appare in tal modo la cifra riassuntiva dell'evento di Gesù anche *in quanto si trasmette lungo la storia* a tutti gli uomini, attraverso la presenza del suo corpo glorificato nel corpo eucaristico e, attraverso questo, nel corpo ecclesiale. La corporeità dunque non è stata un luogo passeggero di salvezza, per una trentina di anni, ma è il *luogo permanente* della presenza di

Cristo tra gli uomini: la grazia esiste ormai nel mondo "incorporata", come dilatazione del corpo glorioso di Cristo nello Spirito.

Anche noi, come Cristo, siamo relazionati agli altri, al mondo e alla storia attraverso il nostro corpo. Il corpo è un intreccio di relazioni, è la persona in quanto entra concretamente in rapporto con il mondo, è il libro sul quale è incisa la storia e la qualità dei legami di ciascuno, è il "diario" delle relazioni di ognuno con i propri simili, con la natura e la storia. Questa relazione corporea dell'uomo con il mondo è bi-direzionale: da una parte egli vive la sua dipendenza dal mondo, ma dall'altra egli vive la sua trascendenza rispetto al mondo.

L'uomo in virtù del corpo vive prima di tutto l'esperienza della sua *dipendenza* dal mondo: «Egli porta all'interno del suo stesso corpo la presenza della natura con i suoi processi fisico-chimici, cosicché la natura si mostra costitutiva dell'uomo»:[61] e non solo nelle necessità biologiche l'uomo dipende dal mondo, bensì anche nelle attività più elevate, come i concetti, il pensiero, le immagini, il linguaggio, le sensazioni. Non c'è atto umano che non sia condizionato dalla natura.

Nello stesso tempo però l'uomo vive l'esperienza della sua alterità o *trascendenza* rispetto al mondo. Egli conosce la realtà del mondo e la distingue dalla propria, mentre il mondo non conosce né se stesso né l'uomo: «un fatto tanto semplice quanto enorme ci mostra chiaramente come la distanza fra l'uno e l'altro non sia quantificabile, non sopporti nessuna misura quantitativa, sia incommensurabile».[62] La radice di questa a-simmetria sta nella coscienza: l'uomo è cosciente di se stesso, il mondo no. Questo fonda la libertà dell'uomo di fronte al mondo: il mondo è sottoposto ad un divenire che non può controllare, mentre l'uomo può trasformare il corso del mondo secondo progetti pensati liberamente, secondo una creatività che non è costretta a riprodurre sempre e solo ciò che precede.

Il rapporto bi-direzionale tra uomo e mondo è mediato dalla corporeità a diversi livelli: in primo luogo il lavoro, ossia la trasformazione della natura per la produzione di beni necessari alla sopravvivenza dell'uomo; in secondo luogo la sperimentazione, che soddisfa il desiderio umano di "sapere" e, di conseguenza, guida le azioni dell'uomo ed è la base dello sviluppo; in terzo luogo l'arte, il linguaggio e la cultura, che sono attività in cui l'uomo, attraverso la natura, esprime la propria interiorità. In tutte queste forme di rapporto uomo-natura, l'uomo non fa altro che "umanizzare" il mondo e umanizzare se stesso: «quanto più l'uomo diventa signore della natura, tanto più rilievo acquista il perché ultimo della sua azione e della sua esistenza nel mondo».[63] Dunque in virtù della propria corporeità, con gli intrecci che essa può stabilire nel mondo, l'uomo, si relaziona in modi diversi al resto del creato, ossia a quelli che Paolo, giustamente, chiama pure "corpi": le piante, gli animali, gli astri (cf. 1 Cor 15,37-41).

Il corpo sessuato: incompletezza, differenza e reciprocità

Una particolare espressione della relazione corporea dell'uomo con il mondo, la storia e gli altri è la *sessualità.* Prima ancora dell'eventuale *esercizio* della sessualità genitale, è *l'essere sessuato* a caratterizzare l'uomo nella sua corporeità. Il fatto di esistere non semplicemente come "essere umano" ma come maschio e femmina – fatto che Gen 1-2 presenta come dono di Dio – suggerisce un'*incompletezza* e insieme *una ricchezza* originarie. Dio, in teoria, avrebbe potuto creare l'umanità di un genere solo, o tutti maschi o tutte femmine o tutti androgini; ma ciò avrebbe forse illuso ciascuno di essere autosufficiente poiché bastante a se stesso. Il Creatore ha invece deciso di incidere nel corpo stesso dell'essere umano la sua dipendenza, il suo radicale bisogno di un altro che gli sia complementare. Il "maschile" e il "femminile", impressi nel corpo, sono un marchio di insufficienza: queste due caratteristiche rendono evidente già a livello fisico la loro complementarità; ma il livello fisico è il segno di una complementarità più profonda, psicologica, affettiva e spirituale. Il *maschile* è protensione, spinta verso l'esterno, tendenza alla costruzione, ai sistemi e alla tecnica; il *femminile* è accoglienza, custodia intima, profondità di affetti e sentimenti, cura delle relazioni e introspezione.[64] Questa incompletezza diventa dunque immediatamente *ricchezza*, poiché spinge l'essere umano ad uscire da se stesso, a cercare il completamento con altri, a lasciarsi raggiungere da sensibilità, idee, "mondi" diversi dal suo.

La *differenza sessuale* non è quindi un elemento accidentale nell'essere umano, quasi che si aggiunga alla sua realtà; non esiste l'essere umano in astratto, ma esiste in concreto come maschio o femmina. Nel primo racconto della creazione, che è anche il primo capitolo della Bibbia, dopo avere creato l'essere umano maschio e femmina, Dio aveva accentuato il proprio apprezzamento rispetto al giudizio, già lusinghiero, espresso sul resto del creato; l'autore registra infatti, fino al quinto giorno, come "Dio vide che era cosa *buona/tob*" e nel sesto come Dio vide che "era cosa *molto buona/tob*" (Gen 1,31). Qualcuno potrebbe pensare che la Bibbia riserva l'apprezzamento divino all'essere umano in astratto, a prescindere dal fatto che fosse maschio e femmina; ma esiste nel secondo racconto della creazione, in realtà cronologicamente precedente, un'altra constatazione di Dio, questa volta in negativo, fa pensare diversamente: vedendo Adamo, il Signore esclamò: "non è *bene* che l'uomo sia solo: voglio fargli un aiuto che gli corrisponda" (Gen 2,18), plasmando poi Eva dalla costola di Adamo. La parola utilizzata è la stessa: *tob.* L'essere umano, dunque, non sarebbe davvero "cosa molto buona", anzi non sarebbe nemmeno "buona" se esistesse in un genere solo. "Un aiuto che gli corrisponda" è la donna: dove aiuto/*'ezer* esprime la complementarità e corrispondente/*kenegdo* (letteralmente: *come-di-fronte-a-lui*) indica alterità allo stesso livello, *partnership*. Insieme le due parole *ezer* e *kenegdo* indicano propriamente una *reciprocità*, ribadita poi nel racconto biblico dall'utilizzo dello stesso termine al genere maschile e al genere femminile - *ish* e *ishshah* - per *uomo* e *donna*. Lo stesso essere umano, dunque, ma in due versioni differenti, complementari e reciproche.

L'atto sessuale è in quest'ottica l'espressione evidente della tensione originaria alla ricerca di un completamento, posta da Dio nell'essere umano. Nella concezione biblica, l'esercizio genitale della sessualità è *oggettivamente* la modalità più completa di coinvolgimento corporeo di un uomo e di una donna, l'uno nella vita dell'altra e viceversa: e poiché, secondo il linguaggio oggettivo del corpo, quell'atto indica *dono totale*, la Chiesa cerca di custodirne il significato integrale, con indicazioni così esigenti che oggi possono sembrare addirittura fuori dalla portata umana. Siccome quello che di più bello e prezioso l'uomo possiede è anche quello che diventa più fragile e viene più facilmente banalizzato, la Chiesa ne richiama il senso autentico e pieno, che è quello di formare tra un uomo e una donna "una carne sola" (Gen 2,24) dentro ad una «intima comunità di vita e di amore coniugale».[65] I "no" dell'etica cristiana all'esercizio libero - ma in realtà istintivo - della sessualità, dove sia il singolo che convenzionalmente stabilisce i criteri sui quali definire lecito o illecito l'atto sessuale, sono in realtà altrettanti "sì" al rispetto del significato oggettivo della sessualità – dono di sé nel coinvolgimento *totale* con l'altro – che è l'unico modo di rispettare se stessi e gli altri senza cadere nelle strumentalizzazioni.

Custodendo la dimensione psicofisica dell'uomo e difendendo la bontà originaria della corporeità, il magistero e la teologia hanno offerto nel contempo la fondazione dell'etica della persona e della sessualità e i suoi criteri di valutazione. Etica che si basa sulla corporeità come *linguaggio*, come libro nel quale sono "scritti" dei significati *oggettivi* che l'uomo è chiamato ad interpretare e non ad inventare arbitrariamente. Quando invece il rapporto tra corpo e anima viene stabilito convenzionalmente dall'uomo stesso, a seconda dei suoi criteri *soggettivi* e non riconoscendo più nella corporeità un linguaggio oggettivo, allora si perde inevitabilmente l'unità psicofisica, che avvenga nella direzione spiritualista o in quella materialista. In tal modo il corpo diventa un accessorio e una prigione dell'anima, nella deriva spiritualista di ispirazione platonica; oppure, al contrario, uno strumento di piacere o di guadagno, nella deriva idolatrica di ispirazione materialista. In entrambi i casi il vizio d'origine è il *dualismo*: il corpo e l'anima sono separati, non hanno "ponti" se non quelli che il soggetto decide a suo arbitrio di vedervi o addirittura di stabilire, e così la corporeità non è più linguaggio ed espressione di tutta la persona, ma strumento o "cosa" da sfruttare. Chi rinuncia a leggere un linguaggio oggettivo maschile e femminile nel corpo umano - parificando ad es. l'omosessualità all'eterosessualità o appoggiando la cosiddetta teorie del *gender* - deve sapere che lo fa a costo di sacrificare uno dei pilastri dell'antropologia biblica, l'unità di corpo e spirito, finendo per separarli tra di loro.

Le accuse di "biologismo" contro il magistero cattolico recente, specialmente dopo la pubblicazione dell'enciclica di Paolo VI *Humanae Vitae*,[66] nascono spesso dalla difficoltà della cultura attuale di cogliere il corpo come linguaggio oggettivo, luogo di espressione realistica, e non meramente convenzionale, dell'intera persona. In questa prospettiva, Benedetto XVI offrì alcune illuminanti riflessioni il 6 giugno 2005, parlando ai partecipanti al Convegno diocesano sulla famiglia della diocesi di Roma. Disse papa Ratzinger che l'uomo è «anima che si esprime nel corpo e corpo che è vivificato da uno spirito immortale. Anche il corpo dell'uomo e della donna ha dunque, per così dire, un carattere teologico, non è semplicemente corpo, e ciò che è biologico nell'uomo non è soltanto biologico, ma è espressione e compimento della nostra umanità. Parimenti, la sessualità umana non sta accanto al nostro essere persona, ma appartiene ad esso. Solo quando la sessualità si è integrata nella persona, riesce a dare un senso a se stessa». Dopo avere ricordato il "matrimonio di prova" e lo "pseudo-matrimonio tra persone dello stesso sesso", osservava: «una tale pseudo-libertà si fonda sulla banalizzazione del corpo, che inevitabilmente include la banalizzazione dell'uomo. Il suo presupposto è che l'uomo può fare di sé ciò che vuole: il suo corpo diventa così una cosa secondaria dal punto di vista umano, da utilizzare come si vuole. Il libertinismo, che si fa passare come scoperta del corpo e del suo valore, è in realtà un dualismo che rende spregevole il corpo, collocandolo per così dire fuori dall'autentico essere e dignità della persona».[67]

Il corpo che si separa dall'anima si trova inevitabilmente immerso nella logica utilitaristica espressa con la medesima eloquenza dalla deriva spiritualista e da quella materialista: quando si assolutizza lo spirito, sganciandolo dal corpo, quest'ultimo si riduce a strumento di espiazione o purificazione: come nelle antiche religioni orientali, nei miti orfici, nel platonismo, nello gnosticismo ed anche nelle infiltrazioni neoplatoniche serpeggianti in alcune correnti della spiritualità cristiana; quando si assolutizza il corpo, sganciandolo dallo spirito, esso diventa strumento di piacere, di consumo o di guadagno: come nell'erotismo, nella pornografia, nell'estetismo, nella prostituzione.

La differenza tra la sessualità del corpo animale e quella del corpo umano consiste proprio nella capacità di quest'ultima di porsi in una relazione di amore con i propri simili. «Nella Bibbia la coppia maschio e femmina non è intesa, come per gli altri animali, semplice mezzo per la conservazione della specie. Essa, in quanto chiamata a diventare a immagine e somiglianza di Dio, esprime a livello corporeo e tangibile il volto di quel Dio che è Amore. Viene da dire che l'alterità sessuale *costringe* l'uomo a essere come Dio, a mettersi in relazione di simpatia, di sinergia, di comunione, di fecondità. Di qui la grande stima che il cristiano ha per il corpo e la sessualità, la cui dignità non deve mai essere falsata o svenduta. Da qui segue che la sessualità non può essere né "sregolata" né "irragionevole": ha un senso, una direzione, delle regole, dei limiti».[68]

2.2. Corpus datum

Le ultime considerazioni evidenziano un fatto più volte emerso nel corso dell'esposizione: la corporeità, in se stessa buona e come tale voluta da Dio, essendo stata ferita dal peccato è una realtà *ambivalente*; essa rimane cioè "buona" nella sua natura, ma può essere sperimentata e vissuta *bene* o *male*. Il corpo può essere accolto o respinto, malato o sano, giovane o vecchio, bello o brutto, donato o sfruttato.

Il corpo crocifisso di Gesù: esito di un cammino faticoso

Anche Gesù, che pure era immune dal peccato (cf. Ebr 4,5; 2 Cor 5,21), ha sperimentato questa ambivalenza corporea, poiché non è solo nato e cresciuto, ma ha anche sofferto ed è stato maltrattato e ucciso: se da Maria e Giuseppe nel suo corpo aveva ricevuto accoglienza, dai nemici riceve violenza e ostilità. Un clima avverso circonda la presenza corporea di Gesù nel mondo, quasi che egli dall'inizio risultasse *ingombrante*: del resto è vero che un corpo ingombra, e un Dio che si fa corpo diventa immediatamente più "esigente" e scomodo per gli uomini, rispetto ad un Dio che rimane appartato nei cieli, a disposizione di chi vorrà eventualmente interpellarlo.

I Vangeli hanno cura di sottolineare l'avversione che accompagna Gesù dall'inizio della sua vita: già all'atto di nascere "non c'era posto" nell'albergo per lui e i suoi genitori (cf. Lc 2,7), tanto che è stato deposto sulla mangiatoia; non c'era posto poi nemmeno nel resto della Giudea, poiché Gesù deve fuggire con i suoi in Egitto per scampare dalla strage di Erode (cf. Mt 2,14-15). La vicenda di Gesù negli anni della sua vita pubblica è ugualmente segnata dai tentativi di eliminarlo, di sopprimerlo corporalmente: nel momento stesso in cui inaugura la sua predicazione alla sinagoga di Nazareth, i concittadini cercano di gettarlo giù dal precipizio (cf. Lc 4,29); più volte i giudei decidono di metterlo a morte (cf. ad es. Gv 11,45-54); e alla fine realizzano il loro disegno, con la collaborazione decisiva del potere romano, facendo uccidere Gesù con la pena corporale peggiore di tutte, non solo in quanto esponeva alla pubblica vergogna il corpo nudo del condannato, ma anche perché era legata ad un senso di maledizione divina (cf. Gal 3,13).

Il corpo di Gesù quindi, quando viene appeso in croce, è un *corpo già ferito*: segnato dalle relazioni positive ma anche da quelle negative. Spigolando nei Vangeli non sarebbe difficile raccogliere le "ferite" delle quali era carico il corpo di Gesù sulla croce. Vi erano sul suo corpo i segni del tempo: era un uomo che aveva vissuto più di tre decenni ed era normale, specialmente a quell'epoca, che portasse qualche segno dell'età. Vi erano tracce di relazioni incrinate: come quelle prima idilliache e poi fallimentari con le folle, o quelle difficili con i parenti, o quelle contrastate con i discepoli, segnate ultimamente persino dal rinnegamento e dal tradimento. Vi erano poi i segni delle rinunce scelte o subìte, come i digiuni e le veglie di preghiera, le persecuzioni e l'esilio, il nomadismo e la mancanza di una casa fissa; vi erano soprattutto i segni dell'odio e della violenza: piaghe, tracce dei flagelli, corona di spine, derisione e disprezzo, senso dell'abbandono da parte del Padre.

Il corpo estraneo: le ferite che allontanano dal corpo

La morte di croce di Cristo raccoglie prima di tutto le espressioni nelle quali il corpo umano appare *passivo*: di una passività non solo fisiologica, come già si è notato a proposito della nascita, ma anche *patologica*: una corporeità trascurata, inferma, disonorata, umiliata. Nel corpo di Gesù ogni corpo umano ferito trova dimora. La sorte del corpo di Gesù non è altro che la concentrazione della sorte di innumerevoli corpi nella storia: quelli che sempre vengono esclusi dagli alberghi degli uomini, scacciati dalle città e dai territori dei potenti senza scrupoli, uccisi fuori delle mura della città, abbandonati dagli amici, avversati dai nemici, affamati e assetati.

Se la nascita è il momento nel quale l'uomo si identifica al massimo con il suo corpo – al punto che, se potesse parlare, potrebbe dire: "io *sono* un corpo" – l'infermità, il rifiuto e la morte sono i momenti nei quali l'uomo avverte una sorta di estraneità dal suo corpo e potrebbe dire con verità: "io *ho* un corpo". La resistenza del corpo alla mente e allo spirito, ai desideri e ai progetti dell'anima, lo "allontanano" dall'uomo, lo rendono a volte addirittura nemico.[69] Nelle esperienze di *vitalità* dunque l'essere umano tende a farsi *soggetto* del proprio corpo; non dice, ad es., "il mio occhio vede, la mia mano scrive", ma: "io vedo, io scrivo"; nelle esperienze di infermità e malattia invece tende ad avvertire il proprio corpo come *oggetto*, distaccato e lontano: allora ne identifica le parti, quasi per prenderne le distanze: "la mano mi fa male", "ho gli occhi malati", "il mio stomaco si ribella".

Quando il corpo sperimenta la malattia, il rifiuto o le limitazioni dovute all'età avanzata, si riavvicina comunque per un altro verso alla condizione del corpo neonato; e non solo in senso materiale, perché ha bisogno di essere accudito, ma anche in senso affettivo, perché ha bisogno di sentirsi accolto e amato molto di più di un corpo sano.[70] Questa costituisce una nuova e temuta esperienza di *passività*, di affidamento, che rende evidente ciò che tutti sempre siamo – ma che in situazioni di *attività* sana rischiamo di dimenticare facilmente, presi da ritmi efficientisti –: rende evidente, cioè, che noi siamo "consegnati" a qualcun altro, che un giorno saremo definitivamente consegnati, attraverso la morte, a chi ci aveva consegnato alla vita stessa. Coloro che hanno esperienza di accompagnamento dei malati terminali, sanno che spesso l'ultima parola del morente è la stessa che il bimbo pronuncia per prima: "mamma". La vita umana si svolge tra queste due invocazioni, che costituiscono il riconoscimento di un'essenziale dipendenza, di un bisogno di essere accolti da un *grembo*.

Il corpo ambiguo: l'inevitabile tensione

Si comprendono allora le esclamazioni paoline – da non liquidare sbrigativamente come "platoniche" – esprimenti il desiderio di essere liberato da questo "corpo di morte" (cf. Rom 7,24) per raggiungere la "redenzione del nostro corpo" (Rom 8,23). Il corpo infatti, per il cristiano, è luogo della relazione e della gioia, ma anche luogo della sofferenza, del peccato - la nota identificazione paolina di "carne" e "peccato" va in questa direzione - e della morte. All'interno di queste suggestioni trova spazio, nel cristianesimo, il tema della *mortificazione* e della rinuncia: non come rifiuto del corpo, ma come purificazione e liberazione del corpo da quella forza di gravità che lo attrae pesantemente verso l'egoismo e la soddisfazione immediata. Nello stesso contesto trova inoltre spazio il tema del *pudore*: nemmeno in questo caso come rifiuto del corpo, ma come «il bisogno di difendere se stessi dal pericolo di divenire oggetto di rapina; dal pericolo di poter essere ritenuti puri oggetti di piacere»;[71] o ancora come «una rivelazione del carattere sopra-utilitario della persona, tanto dell'uomo che della donna».[72]

L'ambivalenza del corpo, che può prestarsi alla strumentalizzazione, ad essere veicolo del peccato, a subire presumibilmente la malattia e certamente la morte, crea nell'uomo lo spazio per una *nostalgia* di superamento dei vincoli corporei, per una situazione nella quale del corpo rimanga solo ciò che è positivo e scompaia ciò che fa soffrire. Se – come è emerso nella prima parte – tutti i tentativi di disprezzo del corpo, talvolta infiltratisi anche nella spiritualità cristiana, sono eccessi da cui prendere chiaramente le distanze, essi rimangono però segno di come l'uomo possa faticare ad accettare l'ambivalenza da cui è affetto il corpo, quando questa si manifesta nel suo versante negativo di infermità, vecchiaia, peccato, morte.

Da una parte, insomma, l'uomo vorrebbe conservare il senso e il valore di tutto ciò che ha costruito attivamente nel suo corpo: vorrebbe perpetuare l'amore, la gioia, l'amicizia, le relazioni gratificanti. Dall'altra parte, però, vorrebbe archiviare ogni esperienza da lui vissuta come negativa: le scelte sbagliate o peccati, la tristezza, i lutti, le malattie, le violenze e da ultimo la morte stessa. L'ambivalenza del corpo si riflette nella *speranza ambivalente* che caratterizza l'uomo: superare i limiti della corporeità senza perdere le ricchezze accumulate attraverso di essa. Il cristianesimo va incontro a questa speranza proclamando la risurrezione corporea alla fine dei tempi.

Il corpo sessuato: fragile dono del Creatore

Dell'ambivalenza del corpo partecipa anche, ovviamente, la sua dimensione sessuale. Le prime pagine della Bibbia esprimono, con la mitica forza delle narrazioni archetipiche, la ferita inferta dal peccato alla relazione tra uomo e donna (cf. Gen 3). Il peccato della coppia originaria, che altro non è se non "il" peccato nella sua essenza, consiste nel prendere per sé ciò che Dio non aveva donato, nel violare la logica del dono e farne una "rapina". Dio aveva detto ad Adamo: "Tu potrai mangiare di tutti gli alberi del giardino, ma dell'albero della conoscenza del bene e del male non devi mangiare" (Gen 2,16-17). È il limite che segna paradossalmente la libertà umana: se Dio fissa un confine, significa che l'uomo potrebbe liberamente superarlo, a suo spese. Ed è ciò che avviene, su istigazione del serpente. Il quale però deforma il comando divino, insinuando a Eva che Dio avesse detto: "Non dovete mangiare di alcun albero del giardino" (Gen 3,1), mentre il limite posto dal Signore riguardava solo uno degli alberi. La tentazione è sempre una caricatura della realtà, tendendo ad ingigantire il senso del limite, a presentarlo come insopportabile anziché connaturato alla realtà. E quando Eva riconduce l'ordine alle sue vere proporzioni, il serpente non si arrende: anche ridimensionato, il comando di Dio deve essere violato, perché frutto di una sorta di invidia divina: "Dio sa che il giorno in cui voi ne mangiaste si aprirebbero i vostri occhi e sareste come Dio, conoscendo il bene e il male" (Gen 3,5). Eva cede e Adamo pure: rapinano così ciò che Dio aveva riservato per sé, ciò che non era stato donato a loro come prerogativa, cioè di entrare nel sacrario del bene e del male. Per la felicità dell'essere umano, la decisione sul bene e sul male è riservata a Dio: e quando l'uomo pretende di violare questo ordine oggettivo, si scompiglia la sua esistenza. A cominciare dalla relazione di reciprocità sessuale.

Infatti l'esclamazione entusiastica di Adamo, appena risvegliato, alla vista di Eva - "questa volta è osso dalla mie ossa, carne dalla mia carne" (Gen 2,23) - si tramuta nell'accusa a lei, e nemmeno tanto velatamente anche a Dio: "la donna che tu mi hai posto accanto mi ha dato dell'albero e io ne ho mangiato" (Gen 3,12); l'armonia tra corpo e spirito, che permetteva ai progenitori di stare nudi senza provarne vergogna (cf. Gen 2,25), nel pieno possesso di uno sguardo puro, si trasforma in uno sguardo malizioso, al punto da doversi cingere di foglie di fico per coprire la nudità, ormai percepita come impudicizia (cf. Gen 3,7); è ormai necessario "difendersi" dal possibile sfruttamento da parte dell'altro e nasce così il pudore; la reciprocità tra maschio e femmina, che culmina nella vocazione a diventare "un'unica carne" (Gen 2,24), lascia il posto alla subordinazione violenta della donna, alla quale Dio dice dopo il peccato: "verso tuo marito sarà il tuo istinto, ed egli ti dominerà" (Gen 3,16).

L'autore di Gen 2-3, che scrive una decina di secoli a.C., raccogliendo la tradizione popolare impregnata della fede nel Dio creatore, nella differenza abissale tra i due capitoli esprime tutta la distanza che vi è tra il progetto originario di Dio, il suo sogno di bellezza per l'uomo e la donna, e la situazione storica, la sottomissione talvolta violenta subìta dalla donna. Il rapporto tra i sessi non risponde al piano voluto da Dio; quando prende il sopravvento l'io su Dio, quando l'essere umano obbedisce al serpente dell'egoismo e della superbia mettendosi al posto del suo Creatore, quando l'uomo e la donna trasgrediscono il limite posto dal Signore nell'oggettività delle cose, allora si scompiglia anche la loro relazione e la stessa sessualità diventa facilmente veicolo di sopraffazione e sfruttamento. A farne le spese è soprattutto il corpo della donna.

Il corpo femminile: un termometro di civiltà

Una lettura parziale e distorta del menzionato versetto di Gen 3,12, dove Adamo incolpa Eva di averlo indotto a peccare, ha portato talvolta anche i cristiani a considerare la donna come simbolo della tentazione e a giustificare la sua inferiorità rispetto all'uomo. E non manca chi qualche volta parla di una maledizione che il Signore avrebbe inflitto ai progenitori. In realtà Dio, nel racconto, non maledice né l'uomo né la donna, ma il serpente che li ha indotti a peccare: "maledetto tu fra tutto il bestiame e fra tutti gli animali selvatici" (Gen 3,14). La donna, anzi, in quella narrazione, diventa veicolo della lotta contro il male, se Dio dice al serpente: "io porrò inimicizia fra te e la donna, fra la tua stirpe e la sua stirpe" (Gen 3,15). La narrazione della Genesi, come sappiamo, non va scambiata con una ricostruzione scientifica delle nostre origini, ma va intesa come una grande parabola, che trasmette dei significati autentici dentro ad un linguaggio simbolico. Il dolore del parto per la donna e la fatica del lavoro per l'uomo, che vengono indicati nel seguito dell'episodio non come maledizioni, ma come punizioni – e che in realtà sono semplicemente le conseguenze del peccato – vengono elencate in perfetta "par condicio". E questo è ancora più rilevante se pensiamo che il testo venne scritto tremila anni fa, in un'epoca nella quale la donna, non solo tra gli ebrei ma in tutte le culture, era considerata inferiore all'uomo e a lui soggetta.

Di fatto l'assoggettamento della donna è tanto più marcato quanto meno una civiltà è evoluta. Una società rozza, basata sui rapporti di forza – guerra, violenza, prevaricazione – darà necessariamente poco spazio alla dimensione femminile, che invece incarna profondità, accoglienza, pazienza, premura, affetti. Più una civiltà è raffinata, più le donne avranno spazio. Non è un caso che le prime vittime della violenza siano proprio le donne e che i grandi criminali della storia – a partire dal faraone d'Egitto e da Erode – cerchino di colpire anche le madri dei loro nemici, per estinguere le fonti stesse della vita.

Uno degli indicatori del vero progresso culturale è allora la stima della femminilità. Stima che non significa – oggi è forse più chiaro di alcuni decenni fa – pura e semplice sovrapposizione di ruoli, perché madre sarà sempre e solo la donna; e la maternità non è un semplice atto fisico e strumentale, ma è un complesso di relazioni che coinvolgono l'intera persona della donna verso il figlio: un intreccio di emozioni, sentimenti, speranze, sofferenze e attese che solo la madre conosce. Non si tratta, quindi, di livellare dei ruoli, ma di valorizzare le diversità tra uomo e donna nella loro capacità di completarsi a vicenda. Identica è la dignità, nella differenza dei doni. Nel mondo si registrano ancora massicci segnali di inciviltà, misurati anche dalle violenze contro le donne e dalla violazione del loro corpo. Violenza contro le fanciulle schiavizzate e sfruttate senza ritegno dai mercanti della prostituzione e da coloro che la alimentano rendendosi complici; violenza verso le spose, a volte maltrattate e persino uccise da compagni gelosi e vendicativi; violenza verso le madri, qualche volta persino costrette, con pressioni morali o fisiche, a rifiutare la vita spuntata in loro o indotte, specie se povere e sole, ad abbandonare i loro figli appena nati; violenza verso le donne costrette dal mercato della pornografia a vendere l'immagine del loro corpo utilizzato come strumento di piacere. Senza dubbio la sessualità è ferita e lo sfruttamento del corpo femminile ne è uno dei termometri più precisi. Ma non è l'unico.

Il corpo sfruttato: tra violenza, abuso e incompletezza

Papa Francesco, nell'*Amoris Laetitia*, citando anche alcune proposizioni dei due Sinodi sulla famiglia, ricorda le «tendenze culturali che sembrano imporre un'affettività senza limiti, (...) un'affettività narcisistica, instabile e mutevole che non aiuta sempre i soggetti a raggiungere una maggiore maturità». Fa propria inoltre la preoccupazione dei padri sinodali per «una certa diffusione della pornografia e della commercializzazione del corpo, favorita anche da un uso distorto di internet» e per la «situazione di quelle persone che sono obbligate a praticare la prostituzione». E poco più avanti afferma: «Molti sono i bambini che nascono fuori dal matrimonio, specie in alcuni Paesi, e molti quelli che poi crescono con uno solo dei genitori o in un contesto familiare allargato o ricostituito. (...) Lo sfruttamento sessuale dell'infanzia costituisce poi una delle realtà più scandalose e perverse della società attuale. Anche le società attraversate dalla violenza a causa della guerra, del terrorismo o della presenza della criminalità organizzata, vedono situazioni familiari deteriorate e soprattutto nelle grandi metropoli e nelle loro periferie cresce il cosiddetto fenomeno dei bambini di strada. L'abuso sessuale dei bambini diventa ancora più scandaloso quando avviene in luoghi dove essi devono essere protetti, particolarmente nelle famiglie, nelle scuole e nelle comunità e istituzioni cristiane».[73] Soprattutto quando l'abuso sui minori, maschi o femmine, è opera di ministri ordinati nella Chiesa, diventa un crimine inqualificabile, contro il quale papa Francesco, sulle orme del suo predecessore, sta combattendo con determinazione.[74]

Le ferite nella sessualità non sono sempre così profonde, grazie a Dio, e spesso si possono curare o almeno lenire. Molte sono le espressioni sessuali "incomplete" che, senza cadere negli abissi appena menzionati, precludono però la possibilità di viverne in pienezza il significato. Le esperienze precoci o al di fuori di un progetto serio di coppia, le forme autoerotiche, la chiusura alla possibilità di una nuova vita, le relazioni effimere, sono espressioni molto diffuse ma non corrispondenti al senso della sessualità come *dono reciproco totale*, dove la totalità implica l'impegno a vivere per sempre con un'altra persona l'*una sola carne,* in una relazione di reciprocità complementare, e la possibilità di generare altre persone, ossia di farsi collaboratori del Creatore, secondo il significato autentico della parola procreazione.

Sono significati molto esigenti che, sebbene incisi nella anatomia e fisiologia genitale, oggi appaiono difficilmente raggiungibili per una serie di motivi legati alla complessità della vita attuale e ad una cultura orientata all'edonismo. Per questo è primario l'impegno non solo per una "teologia del corpo", ma anche per quella *pedagogia del corpo*, sulla quale Giovanni Paolo II ha insistito nelle sue catechesi. La sfida educativa si gioca in buona parte proprio sul campo degli affetti e della sessualità: va raccolta con pazienza, senza scoraggiarsi di fronte ad una mentalità così impermeabile all'antropologia cristiana. Non serve molto richiamare la "legge naturale": non perché non esista – al contrario, essa è irrinunciabile – ma perché nel dibattito pubblico non ha più alcuna presa. Molto più efficace e concreto è il riferimento al linguaggio della corporeità, che rappresenta un elemento più concreto di confronto.

Il corpo donato: la cura necessaria delle ferite

La crocifissione del corpo di Gesù non è solo il frutto di una violenza da lui subita, non è unicamente espressione della sua *passività.* Certo, è il segno che lui è stato preso a forza dagli uomini, "consegnato" a loro, come lui stesso preannuncia ai discepoli stupiti e intimoriti: "il Figlio dell'uomo viene consegnato nelle mani degli uomini e lo uccideranno" (Mc 9,31 par.; cf. 10,33 par.). E Giuda, a sua volta, lo "consegna" ai capi del popolo (cf. Mc 14,10-11). Il corpo di Gesù è quindi maltrattato dalle mani degli uomini e per questo appeso alla croce. Questo aspetto passivo è innegabile e non ha certo bisogno di essere dimostrato.

Ma esiste anche un lato attivo della croce. Gesù non sceglie di soffrire, ma sceglie di amare. E chi ama fino in fondo sa che deve condividere anche i dolori. Chi ama davvero non si tira indietro, accetta di prendere su di sé la condizione dell'amato, fatiche comprese. La croce di Gesù è frutto della sua decisione di amare "fino alla fine" (cf. Gv 13,1-3). Chi fosse passato dal Golgota, quel venerdì, avrebbe visto solo il corpo appeso di un sedicente messia, umiliato e finalmente messo a tacere: un fallimento senza appello.

Ma chi avesse potuto vedere dentro a quel corpo, avrebbe visto che il culmine della violenza su di lui coincideva con il culmine dell'amore per il Padre e per i suoi.

Nella croce di Gesù, evento consegnato apparentemente solo al fallimento, cova dunque un un seme di risurrezione. La morte di Gesù in croce non è un incidente inatteso: è non solo il culmine dell'odio degli uomini (elemento *passivo*), ma anche dell'oblazione del Figlio di Dio avviata nell'atto stesso dell'incarnazione (elemento *attivo*). La Lettera agli Ebrei, in proposito, mette in campo proprio il corpo di Gesù, come scelta operata da lui stesso nel seno del Padre: "Per questo, entrando nel mondo, Cristo dice: *Tu non hai voluto né sacrificio né offerta, un corpo invece mi hai preparato. Non hai gradito né olocausti né sacrifici per il peccato. Allora ho detto: Ecco, io vengo – poiché di me sta scritto nel rotolo del libro – per fare, o Dio, la tua volontà* (cf. Sal 39,7-9). Dopo aver detto: *Tu non hai voluto e non hai gradito né sacrifici né offerte, né olocausti né sacrifici per il peccato*, cose che vengono offerte secondo la Legge, soggiunge: *Ecco, io vengo a fare la tua volontà.* Così egli abolisce il primo sacrificio per costituire quello nuovo. Mediante quella volontà siamo stati santificati per mezzo dell'offerta del corpo di Gesù Cristo, una volta per sempre" (Ebr 10,5-10).

Gesù ha costruito l'offerta di sé sulla croce nella scelta quotidiana e costante dell'amore verso il Padre e i fratelli: la sua vita terrena è stata la dilatazione della sua vita trinitaria, la concretizzazione di quella decisione di "prendere un corpo" di cui parla la Lettera agli Ebrei. Il corpo crocifisso di Gesù, in quest'ottica attiva, è dunque l'apice di una doppia relazione costruita da Gesù nel suo corpo: l'offerta a Dio che è obbedienza perfetta e l'offerta ai fratelli che è assimilazione/condivisione piena (cf. ad es. Ebr 2,17-18 e 5,7-9). Una duplice decisione sulla quale aveva "indurito il volto", determinato risolutamente a camminare verso Gerusalemme (cf. Lc 9,51). Il primo movimento si è compiuto nella forma dell'*affidamento* totale al Padre, del quale umanamente non comprendeva appieno il disegno, fino ad esprimergli il desiderio di evitare quella fine (cf. Lc 22,42 par.); ma alle cui mani infine "consegnò lo spirito" (cf. Lc 23,46), svelando così il significato autentico della consegna alle mani degli uomini. Il secondo movimento si è compiuto movimento della *condivisione* totale con i fratelli, al di là di ogni loro merito - che infatti non avevano maturato - e di ogni loro attesa. La croce è il compimento dell'incarnazione, ne è la vetta. Per questo Ebr 5,8, come già ricordato, può affermare audacemente che il Figlio "imparò l'obbedienza dalle cose che patì" e che proprio per questo fu reso perfetto.

Il corpo ferito può aprirsi al corpo donato. Non solo perché chi si dona, come Gesù, rimane ferito, condividendo le ferite altrui; ma anche perché il corpo ferito richiede, per essere curato, un altro corpo che si dona. Il corpo di Gesù deposto dalla croce ha suscitato il dono del sepolcro da parte di Giuseppe di Arimatea (cf. Lc 23,50-53) e il dono degli unguenti da parte delle donne (cf. Lc 23,55-56). Ma soprattutto il corpo morto di Gesù ha permesso al Padre di ridargli vita, risuscitarlo, glorificarlo: il corpo donato è stata la condizione del corpo risorto. Così, in un certo senso, il corpo crocifisso di Gesù è stato luogo del dono: non solo in se stesso, ma anche nella risposta da parte di alcuni fratelli e sorelle e specialmente da parte del Padre.

Il motivo di fondo per cui Gesù si va a identificare con i corpi feriti è proprio questo: vuole esprimere la capacità del corpo umiliato di suscitare condivisione, dono, offerta di sé da parte di altri. Il corpo dell'uomo bastonato ai lati della strada non riesce a suscitare la condivisione da parte del sacerdote e del levita, i quali se ne tornano a casa indisturbati - o forse leggermente infastiditi ma non certamente coinvolti - e rimangono uguali a prima; la loro umanità non è cresciuta e si è anzi annebbiata, per omissione di soccorso. Il samaritano invece, che si lascia coinvolgere - la sua prima azione è in realtà una *passione*, lasciarsi conquistare dalla compassione (cf. Lc 10,33) - esce dalla vicenda più umano: prima era solo un samaritano, mentre dopo è un "buon" samaritano e come tale verrà sempre ricordato. La condivisione compie il doppio miracolo di risollevare il corpo del ferito e umanizzare il soccorritore. L'indifferenza, al contrario, lascia il corpo ferito nelle sue piaghe e accentua la disumanità del soccorritore inadempiente. Chi è Gesù nella parabola? È nello stesso tempo il ferito e il soccorritore, l'uomo bastonato e il samaritano.

Colpisce il fatto che anche nella grande pagina matteana del giudizio finale (cf. Mt 25,31-46) balzi in primo piano la corporeità. L'esame finale da parte del Signore glorioso - il Figlio dell'uomo o il re - non verterà sulle intenzioni del cuore nutrite nella vita terrena e nemmeno sull'intensità delle preghiere o sul grado di fede coltivata. Queste dimensioni sono importanti, anzi essenziali per un credente, pena la perdita dell'orizzonte e la caduta in forme prestazionali; ma sono importanti come motivazioni della carità, non certo come surrogati di essa. Infatti l'interrogatorio verterà sull'assistenza all'affamato, all'assetato, al bisognoso di vestiti e di cure, allo straniero, al carcerato. Sarà un esame corporeo. Il corpo fragile non è semplicemente un esempio, ma un tabernacolo: "tutto quello che (non) avete fatto a uno solo di questi miei fratelli più piccoli, (non) l'avete fatto a me" Mt 25,40.45). Sarebbe solo un esempio, un paradigma, se avesse detto: "è come se l'aveste fatto a me"; oppure: "lo considero fatto a me". E invece dice proprio "l'avete, o non l'avete fatto a me". Esiste una misteriosa identificazione del corpo di Cristo con il corpo dei bisognosi. Papa Paolo VI, parlando ai *campesinos* colombiani, non esitò a paragonare la presenza eucaristica di Cristo alla sua presenza nei poveri: «Voi siete un segno, voi un'immagine, voi un mistero della presenza di Cristo. Il sacramento dell'eucaristia ci offre la sua nascosta presenza viva e reale; mai voi pure siete un sacramento, cioè un'immagine sacra del Signore fra noi, come un riflesso rappresentativo, ma non nascosto, della sua faccia umana e divina (...). E tutta la tradizione della Chiesa riconosce nei poveri il sacramento di Cristo, non certo identico alla realtà dell'eucaristia, ma in perfetta corrispondenza analogica e mistica con essa».[75]

Papa Francesco riecheggia questa prospettiva, quando ricorda che i cristiani devono toccare «con mano la *carne di Cristo.* Se vogliamo incontrare realmente Cristo, è necessario che ne tocchiamo il corpo in quello piagato dei poveri, come riscontro della comunione sacramentale ricevuta nell'eucaristia. Il corpo di Cristo, spezzato nella sacra liturgia, si lascia ritrovare dalla carità condivisa nei volti e nelle persone dei fratelli e delle sorelle più deboli».[76] Nel dono si trova il senso del corpo o la sua mancanza di senso: «Il significato o non significato del corpo è dato dall'amore che si dona».[77]

2.3. Corpus transfiguratum

"Il terzo giorno" Gesù, che era stato crocifisso, si mostrò ai suoi vivo. "Dio l'ha risuscitato" (1 Tess 1,10), Cristo "è risuscitato" (1 Cor 15,4), "il Signore è risorto" (Lc 24,34), "Dio l'ha esaltato" (Fil 2,9): da queste e simili acclamazioni prende avvio la vicenda cristiana. Con la risurrezione di Gesù viene alla luce il lato autentico della croce, la potenza del suo amore al Padre e ai fratelli. Lo stesso corpo che era stato umiliato e ferito, ora è trasfigurato e vive nella pienezza dell'amore di Dio.

Il corpo risorto di Gesù: "primizia" della nostra risurrezione dai morti

La corporeità della risurrezione di Gesù è un'*àncora* storica e cosmica nella Trinità stessa. Forse si potrebbe sviluppare in maniera non eterodossa il pensiero che nella Trinità ora vi è un corpo trasfigurato; che con la risurrezione/ascensione/glorificazione di Gesù si è verificata una "novità" nella Trinità stessa: si è inserito un ancoraggio storico, un vincolo corporeo nel cuore stesso delle relazioni trinitarie.

La risurrezione di Gesù è un evento che *non* riguarda lui solo; il Nuovo Testamento infatti ne parla come di *un paradigma ed un anticipo della nostra risurrezione*: Cristo è risorto come "primizia" (1 Cor 15,20.23), per cui la sua risurrezione è la garanzia della nostra (cf. in particolare 1 Cor 15,23-29); è risorto e glorificato come "primogenito tra molti fratelli" (Rom 8,29), "primogenito dei morti" (Col 1,18), "precursore" (Eb 6,20), "capo" (Eb 2,10), "capo e salvatore" (At 3,15; 15,3). Tutte queste espressioni presentano la risurrezione di Cristo come anticipo della nostra risurrezione futura, e questa *partecipazione* alla risurrezione di Cristo già avvenuta (1 Cor 1,9; Rm 6,8; 8,17.29; Fil 3,21; Eb 3,14; Gv 14,1-3.19.17,24).[78]

Anche nella sua dimensione glorificata, la corporeità è stata sempre strenuamente difesa dalla Chiesa, mantenendo l'equidistanza da un materialismo che intende la risurrezione come semplice riassunzione del corpo e da uno spiritualismo che assorbe di fatto la risurrezione nell'immortalità dell'anima: già Paolo, in 1 Cor 15, articola con equilibrio la concezione cristiana dei corpi risorti, elaborando l'ossimoro, che tale era almeno per i platonici, del "corpo spirituale", *soma pneumatikon* (1 Cor 15,44). La risurrezione corporea finale non è una sorta di meteora improvvisa, ma lo sprigionamento dello Spirito che *già ora* dimora nel corpo dell'uomo: corpo che *già ora* appunto è "tempio dello Spirito" (1 Cor 6,19-20), luogo della liturgia nuova del cristiano (cf. Rom 12,1-2), dono da mantenere con santità e rispetto e non come oggetto di libidine (cf. 1 Tess 4,3-5).

"Credo la risurrezione della carne"

Sulle orme del Nuovo Testamento, la tradizione cristiana ha professato da sempre, a partire dai *Simboli*, la fede nella risurrezione finale: lo ha fatto persino ricorrendo, con un linguaggio diverso da quello neotestamentario della "risurrezione dai/dei morti", all'ardita espressione "risurrezione della carne", coniata con un chiaro intento polemico anti-gnostico.[79]

Proprio la risurrezione corporea alla fine dei tempi costituisce il dogma escatologico centrale del cristianesimo. Molti cristiani (e non) direbbero invece che l'attesa cristiana dopo la morte riguarda la sorte dell'anima e farebbero dell'immortalità dell'anima la verità escatologica centrale; eppure in nessun *Simbolo* si legge: "credo nell'immortalità dell'anima"; anch'essa fa parte certo dell'escatologia cristiana, ma non ne è il centro, conquistato invece dalla risurrezione.

La dottrina della risurrezione finale esprime in primo luogo la convinzione che *la storia*, nella sua globalità, sarà partecipe della risurrezione di Cristo: è, in altri termini, un modo per dire che la risurrezione di Cristo è davvero "anticipo" e "pegno" della salvezza finale. La storia dell'umanità è orientata a Cristo, alla ricapitolazione (cf. Ef 1,10) in Colui nel quale siamo stati scelti prima della creazione del mondo (cf. Ef 1,4), redenti (cf. Ef 1,7), risuscitati e fatti sedere nei cieli (cf. Ef 2,6).

La dottrina della risurrezione finale esprime, in secondo luogo, la convinzione che la nostra esistenza corporea terrena *ha uno spessore decisivo*, perché è adesso che noi decidiamo, giorno per giorno, della nostra vita eterna. Se la corporeità è la dimensione quotidiana, locale e temporale, della nostra esistenza, credere che l'eternità per noi sarà "corporea" significa che *tutta* la nostra vita terrena costituirà la sostanza della vita eterna. Non c'è alcun aspetto della vita terrena che sia estraneo alla vita eterna. La continuità tra corpo terreno e corpo risorto – pur liberata da quel desiderio eccessivo di "sapere" e "immaginare" che nei secoli passati riempiva le pagine dei teologi (qualità del corpo risorto e questioni connesse) – va ribadita con forza, contro ogni tentazione spiritualizzante: è *questo* corpo terreno che verrà glorificato.

Alla luce della concezione personalista del corpo, entro la quale ci stiamo muovendo, si può parlare della risurrezione finale nei termini di un *compimento della propria storia personale*.[80] Se il corpo è la sede delle relazioni umane, o l'uomo nel suo relazionarsi, allora la risurrezione dei corpi non va "immaginata", perché inevitabilmente si ricadrebbe in un fisicismo ingenuo. Possiamo solo dire che la risurrezione finale sarà la pienezza delle relazioni che abbiamo intrecciato in questa esistenza terrena; sarà il compimento di una storia che è stata scritta nel nostro corpo di carne; sarà la trasfigurazione del nostro "io" concreto che entrerà così finalmente nella vita del Padre, del Figlio e dello Spirito.

Ora, tutte le nostre relazioni sono improntate sull'amore o sulla sua mancanza: l'uomo nel suo corpo – cioè nel suo comunicare – modula sempre, in ogni sua azione, espressioni d'amore o di egoismo, realizzandole a diversi livelli di intensità. Il nostro corpo "registra" tali espressioni di amore o di egoismo: possiamo amare fino a dare la vita oppure odiare fino a toglierla; e tra questi due estremi si dipana la nostra esistenza terrena, sempre sospesa tra gesti d'amore o atteggiamenti che ne esprimono la mancanza. "Risurrezione" dunque significa recupero e compimento dei germi d'amore - quaggiù sempre imperfetti - che la persona ha costruito nel suo corpo, nella sua storia di relazioni. È chiaro allora come quaggiù, nell'esistenza corporea, ciascuno costruisce giorno per la giorno la propria risurrezione finale: essa non sarà un intervento estrinseco di Dio, ma la conduzione a pienezza di ciò che si troverà nell'uomo. Dio valorizza il sostrato umano, non lo distrugge: la risurrezione avverrà nella misura dell'amore autentico che l'uomo porterà con sé davanti a Dio.[81]

La risurrezione finale è dunque molto di più della semplice riunione del corpo con l'anima: è la *piena realizzazione della persona*, che finalmente vive in quella condizione d'amore verso la quale ha diretto i suoi desideri e le sue azioni. L'uomo "risorge" in quanto si vede moltiplicati da Dio e portati a perfezione quei germi di carità che ha costruito nella sua vita terrena; vede finalmente realizzate quelle relazioni d'amore che, per quanto gratificanti, non lo appagavano. La prospettiva della risurrezione della carne come compimento dei germi d'amore realizzati in questa vita, consente di gettare luce su un altro aspetto della corporeità: *il rapporto tra dimensione individuale e comunitaria*.

Se la risurrezione è pienezza di carità, allora essa è un evento essenzialmente comunitario; se è compimento di una storia personale di relazioni, allora non può essere racchiusa in una realizzazione individuale. Se si concepisse la risurrezione del corpo come un fatto accidentale alla beatitudine dell'anima, quasi un semplice riaccostamento della materia allo spirito, si racchiuderebbe l'escatologia dentro a categorie del tutto individualistiche: la "mia" beatitudine sarebbe completa indipendentemente dalla sorte degli altri, perfino di quelli ai quali ho voluto bene. Se, invece, si concepisce la risurrezione del corpo come pienezza delle relazioni improntate alla carità, si ragiona dentro categorie comunitarie: allora la "mia" beatitudine non è completa fino a quando anche coloro che ho amato non saranno risorti.[82]

«Quale bellezza salverà il mondo?»

«"È vero, principe, che voi diceste un giorno che il mondo lo salverà la bellezza? Signori – gridò forte a tutti – il principe afferma che il mondo sarà salvato dalla bellezza. E io affermo che questi giocosi pensieri gli vengono in mente perché è innamorato. Signori, il principe è innamorato; poco fa, appena è entrato, me ne sono convinto. Non arrossite, principe, se no mi farete pena. Quale bellezza salverà il mondo? Me l'ha riferito Kolja... Voi siete un cristiano zelante? Kolja dice che vi qualificate cristiano". Il principe lo considerava attentamente e non gli rispose».[83]

Il grande scrittore russo Fedor Dostoevskij era attratto dalla bellezza; ma, paradossalmente, nessuno meglio di lui ha descritto le zone più brutte e tenebrose del cuore umano, come dimostrano i suoi *Racconti del sottosuolo* e lo straordinario romanzo *Delitto e castigo*. L'espressione citata, che ha avuto tanta fortuna da essere continuamente ripetuta ancora oggi, si trova nel romanzo *L'Idiota* (1867-1868), dove viene posta in bocca a Ippolit, un giovane ateo malato di tisi e morente, accolto in casa e assistito dal principe Myskin. Ippolit, alla presenza di Myskin e di altre persone, ripete in tono quasi di rimprovero la frase sulla bellezza, che dice di avere sentito un giorno da Myskin.

Su questo brano sono state scritte molte pagine e sono state offerte diverse interpretazioni. Per inquadrarlo nel modo giusto, e cercare di comprendere "quale bellezza salverà il mondo", è utile tenere presente che per Dostoevskij il principe è un uomo «assolutamente buono»,[84] nel quale non c'è traccia di egoismo, di superbia o di peccato. Si potrebbe forse dire che Myskin, per lo scrittore, è Gesù che si ripresenta dopo oltre diciotto secoli. Ma prima di ricavare altre riflessioni dal brano di Dostoevskij, è utile fare un'escursione sull'idea della bellezza così come si presentava nella cultura greca antica e nella Bibbia. Dal confronto tra questi due mondi, emergerà anche in quale senso "la bellezza salverà il mondo" e in quale senso riguarda anche il corpo.

La bellezza umanistica

Nel mondo filosofico greco la bellezza è essenzialmente *armonia*, cioè ordine delle parti. Mentre nel mondo mitologico non era conosciuta l'idea della bellezza – nella mitologia prevaleva l'istinto, il disordine – in quello filosofico venne molto apprezzata. Per usare i termini di Nietzsche, il dionisiaco non apprezza la bellezza come invece fa l'apollineo.[85] La bellezza dei filosofi è prima di tutto un ordine esteriore, che poi verrà chiamato *estetico*, presente nei corpi grandi o piccoli, come l'uomo e il cosmo, unito a un ordine interiore o *etico*, presente nella mente e nello spirito.

I due maggiori filosofi greci, Platone e Aristotele, presentano da due differenti punti di vista questa idea "armoniosa" del bello. Platone ritiene che le cose visibili siano belle nella misura in cui imitano, sempre in maniera imperfetta, le idee celesti; e viceversa, quindi, nella bellezza delle cose l'uomo trova il punto di partenza per il "ricordo" e la contemplazione delle sostanze ideali.[86] Aristotele propone di individuare la bellezza nella proporzione: il bello è per lui ordine, grandezza adatta ad essere abbracciata da un solo colpo d'occhio.[87] E lo stesso Aristotele impostava la sua etica sull'idea del "giusto mezzo" (*mesotes*), dell'equilibrio e armonia tra i due estremi da evitare.[88]

Cicerone, che è latino ma spesso pensa alla maniera greca, interpreta molto bene i due livelli del bello, quello estetico e quello etico, quando scrive: «Come nel corpo esiste un'armonia di fattezze ben proporzionate, congiunta con un bel colorito, che si chiama bellezza, così per l'anima l'uniformità e la coerenza delle opinioni e dei giudizi, congiunta a una certa fermezza e immutabilità, che è conseguenza della virtù, contiene l'essenza stessa della virtù, si chiama bellezza».[89] La bellezza/*pulchritudo* per Cicerone è il contrario della frantumazione, della dispersione: la bellezza interiore, in particolare, è unità delle funzioni dell'animo – intelletto, volontà, affetti – che si manifesta nell'armonia che l'uomo sperimenta dentro di sé.

La bellezza intesa come armonia ha poi avuto, nel mondo antico, diverse espressioni, le più note delle quali sono la musica, la matematica e l'arte figurativa. Sembrano tre discipline molto diverse tra di loro, ma in realtà anticamente erano invece molto unite. Se qualcuno ha letto – o tentato di leggere – il trattato *De musica* di Sant'Agostino, si sarà imbattuto in un illeggibile testo di aritmetica, quasi interamente dedicato a stabilire le proporzioni numeriche tra i suoni.

Del resto le tre espressioni – musica, matematica e arte figurativa – erano legate al canone detto "sezione aurea" o "canone di bellezza", cioè una proporzione numerica che dava la costante di 1,618 come numero che stabiliva il rapporto tra le parti. Già i babilonesi e gli egiziani utilizzavano questo rapporto nella pittura e nell'architettura e i greci lo utilizzarono nella geometria.

Nel Rinascimento, poi, divenne un canone diffuso nella pittura: pensiamo a Leonardo Da Vinci, che lo applica tra l'altro a due famosissime opere: il volto della Gioconda e l'uomo di Vitruvio.[90]

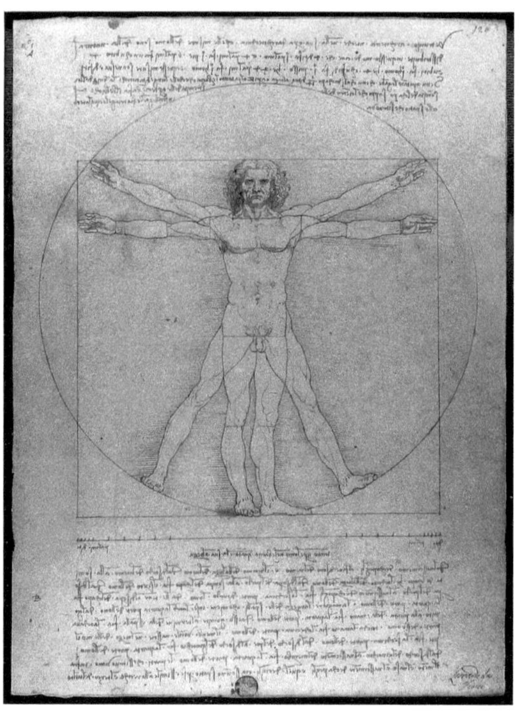

Al di sotto di queste armonie c'è un presupposto derivante dalla filosofia: la realtà è ordinata, è armonia, è *logos*. Dopo il primo ingresso del *logos* nel pensiero occidentale, che – con Senofane, Eraclito, Parmenide ed Empedocle – assunse una funzione critica nei confronti della mitologia (*mythos*), si verificò un secondo e più massiccio ingresso del *logos* con Socrate, Platone e Aristotele, il cui pensiero porta a compimento la "svolta antropologica" già avviata due secoli prima. Anche in questo caso, tuttavia, più che soppiantare il *mythos*, il *logos* lo interpreta e lo riconduce alle strutture antropologiche fondamentali: il Dio organizzatore del cosmo ha ormai poco in comune con lo Zeus capriccioso e assai limitato descritto dai poeti.

Per i filosofi greci, il *logos* è l'ordine interno impresso da Dio al cosmo – *kosmos*, appunto, cioè ordine e non *kaos*, disordine – e l'uomo coglie la bellezza quando coglie questa armonia interna al cosmo; ad essa corrisponde l'armonia dell'animo, l'ordine etico. Perciò i greci hanno coniato una parola unica per dire il concetto di bellezza e bontà, cioè *kalekagathìa*: se qualcosa è bello, per loro, è anche buono e viceversa. Non si può dare una persona o una cosa bella e cattiva o buona e brutta: l'ordine interiore corrisponde a quello esteriore; l'armonia deve essere integrale, nel corpo e nell'anima.

La bellezza biblica

Procedendo ancora per assaggi, ricordiamo che anche per gli ebrei, come per i greci, bellezza e bontà procedono assieme. La parola ebraica *tob,* già richiamata parlando dei racconti della creazione in Gen 1-2, indica sia il buono che il bello; infatti viene tradotta dai LXX sia con *kalòs* che con *agathòs.* Questa parola significa che la creazione è bella fuori e dentro, armoniosa, ordinata. La creazione è buona perché risponde ad un ordine: proprio questo esprime lo schema dei sei giorni più uno, molto diffuso nell'antichità orientale; Dio non ha creato il mondo in modo caotico e casuale, ma secondo una scala di valori che culmina nell'uomo e nella donna, anzi più in alto ancora: nel riposo di Dio.

Il Nuovo Testamento, però, presenta una grande novità a proposito della bellezza. Basta ricordare solo un passaggio, nel quale Gesù a Gesù viene applicato il concetto di "bello": il brano del buon Pastore. In Gv 10 Gesù si definisce "il Pastore, quello bello (*kalòs*)". In italiano la traduzione è "buon" pastore, perché in effetti il termine greco – come nell'epoca classica – significava sia buono che bello, o meglio buono e bello insieme. Ma qui Gv utilizza non *agathòs* bensì proprio *kalòs*, volendo mettere in luce l'armonia della figura di Gesù: si tratta però di un'armonia diversa da quella greco-romana.

In che senso infatti Gesù è "il bel Pastore"? Non abbiamo alcun indizio sul suo aspetto fisico e quindi non sappiamo se fosse armonioso e "vitruviano". Abbiamo invece un chiaro indizio sul senso che Gesù stesso dà alla propria bellezza: un senso inatteso e spiazzante, perché consiste nel fatto che "il bel Pastore offre la vita per le pecore" (Gv 10,11; cf. 10,15.17-18). È dunque il Pastore *bello* quando sfida i lupi, corre il rischio di essere sbranato, viene sfigurato. Il paradosso cristiano raggiunge il suo culmine: mentre Isaia, immaginando le sofferenze del Servo di Dio, affermava: "non ha apparenza né bellezza, per attirare i nostri sguardi" (Is 53,2), Gesù – che compie in se stesso le sorti del Servo di Dio – si dichiara bello proprio nel momento in cui soffre e muore, nel momento in cui fa una *brutta* fine.

Che cos'è che lo rende bello in questa sorte, che noi giustamente definiamo brutta? La risposta è una sola: l'amore che lo porta ad offrirsi. Gesù è davvero "bello" quando arriva al massimo dell'amore, anche se il suo volto diventa "brutto" e ricoperto di sangue. Perché è l'amore che lo rende bello; è l'amore che rende belli. La bellezza-bontà evangelica, la *kalekagathìa* che si ricava dalle Scritture neotestamentarie, è l'*agape*, l'amore inteso come dono di sé.

Il crocifisso è quindi il "canone di bellezza" dei cristiani. Non il corpo perfettamente *proporzionato* nella sua armonia esteriore, ma il corpo perfettamente *offerto* nella sua armonia interiore. Nemmeno solamente l'armonia delle facoltà dell'anima con le parti del corpo, ma il dono di tutto se stessi, anima e corpo, a Dio e ai fratelli.

Non l'uomo di Vitruvio, in altre parole, ma l'uomo del Golgota è il paradigma di riferimento della bellezza cristiana: il crocifisso, la cui morte è già rischiarata dall'alba della risurrezione.[91]

La tradizione greca vedeva il buono e il bello convergere anche con il vero. Buono, bello e vero sono in un certo senso la stessa realtà, per i greci, considerata da tre punti di vista: etico, estetico e intellettuale. Questa idea, nei Vangeli, si riflette su Gesù. Lui stesso, come abbiamo visto, si definisce "bello". Ma di fronte alla domanda dell'uomo ricco, che si rivolge a lui con l'appellativo "Maestro buono", Gesù risponde: "Perché mi chiami buono? Nessuno è buono, tranne uno solo, cioè Dio" (Mc 10,18). Il senso di questa risposta non è di escludere che lui è buono, ma di insinuare l'idea che se quell'uomo lo ha chiamato "buono", dicendo il vero, in qualche modo lo ha collegato a Dio, al quale solo appartiene la bontà. Ma anche la terza idea, quella del vero, è collegata a Gesù nei Vangeli. Pilato chiede a Gesù, che gli si presenta davanti come imputato: "che cos'è la verità?" (Gv 18,38). A questa domanda Gesù non risponde, perché la risposta Pilato l'aveva di fronte: era la sua stessa persona. Il silenzio di Gesù misura tutta la distanza tra la ricerca intellettuale e teorica dell'uomo e la risposta incarnata e pratica di Dio. Dunque anche nei Vangeli, come nel mondo greco, buono, bello e vero convergono: e convergono ormai in Cristo. Ma l'uomo sembra non rendersene conto: è il Signore che deve dire di sé stesso di essere bello, che deve insinuare di essere buono e che, tacendo, fa capire all'uomo in ricerca di essere il vero in persona.

La fondamentale differenza tra la bellezza greco-romana e la bellezza cristiana è proprio questa: i greci e i romani individuavano la bellezza nel *logos*, nell'armonia che è dentro le cose e gli esseri umani; i cristiani identificano la bellezza nell'amore, nell'*agape*, cioè nel dono della vita. I cristiani non negano affatto il *logos*, affermando anzi che la realtà è ordinata e prende significato da Cristo, *logos* nel quale Dio ha creato il mondo (cf. Gv 1,1-3); però danno un nome più concreto a questa armonia, chiamandola *agape*, dono di sé. Dio stesso è chiamato "amore", *agape* (cf. 1 Gv 4,8.16), proprio perché è dono. Il dio greco è armonia in sé, mentre il Dio cristiano è dono di sé; il dio greco è compreso da se stesso, autarchico, mentre il Dio cristiano esce da se stesso, si offre all'uomo. La bellezza, per i cristiani, non è una qualità racchiusa nell'oggetto, una bellezza semplicemente da ammirare; è invece una bellezza che esce da se stessa, una bellezza da accogliere.

«Quale bellezza salverà il mondo?». Alla domanda di Ippolit, come abbiamo visto, il principe Myskin non risponde: come Gesù non risponde a Pilato circa la domanda sulla verità. Anche nella scena di Dostoevskij, come in quella giovannea, stanno l'uno di fronte all'altro un corpo fragile e un corpo efficiente: Ippolit è morente, trapassato dalla malattia, quasi esanime; Myskin è in buona salute. Nel Vangelo di Giovanni, in realtà, non si sa chi tra Gesù e Pilato sia fragile e chi sia efficiente. L'evangelista gioca sul paradosso: apparentemente è Gesù tra i due quello fragile, perché è nelle mani di Pilato; infatti il procuratore lo ha ricevuto "in consegna" dai giudei e dai sommi sacerdoti (cf. Gv 18,35) e così Gesù è in balia di Pilato, tanto che dopo il dialogo interrotto lo farà flagellare (cf. Gv 19,1). Ma in realtà Gesù gli tiene testa, anzi afferma davanti al funzionario romano la sua sovranità: "io sono re" (Gv 18,37), con una dignità e una solennità che ne fanno il vero regista della scena.

Come Gesù davanti a Pilato, dicevamo, anche Myskin davanti a Ippolit tace. Perché la risposta, in entrambi i casi, è di fronte a chi pone la domanda: Myskin ha già risposto a Ippolit con il suo amore, avendolo accolto in casa sua e curandolo; non ha bisogno di ragionare sulla bellezza, perché la sua opera dice che cos'è la bellezza: è donarsi. Cristo non ha bisogno di ragionare sulla verità, perché la sua persona dice che cos'è la verità: è donarsi. Ecco quale bellezza salverà il mondo, per Dostoevskji e per la fede cristiana: l'amore, il dono di sé. La scena del romanzo fa seguire al silenzio del principe la protesta di Ippolit: «"Non mi rispondete? Credete forse che io vi voglia un gran bene?" Soggiunse improvvisamente Ippolit come di scatto. "No, non lo credo. So che non mi volete bene».[92] Il principe Myskin-Cristo ama anche quando non è amato. Ama anche quando l'uomo, da lui beneficato, lo sbeffeggia pubblicamente. La bellezza che salverà il mondo è questa: l'amore a senso unico, l'amore che non si fa condizionare dal merito antecedente o dalla risposta. L'amore è davvero l'unica grande "bellezza" in grado di salvare il mondo, di dargli respiro ed energia. Ce ne rendiamo conto anche nella vita quotidiana: quando manca l'amore, la realtà diventa davvero brutta, perché si feriscono le relazioni tra di noi, si deteriora il rapporto che ciascuno di noi ha con se stesso e si rovina anche il creato. Il mondo è già "bello" perché c'è in esso una logica, un'armonia; ma diventa molto più "bello" se vi si innesta l'*agape*, l'offerta, il dono di sé, la gratuità.

Per una sessualità "bella"

La "pedagogia del corpo" prende ispirazione dal triplice mistero cristologico, così come abbiamo esposto per assaggi nel volume: incarnazione, morte in croce e glorificazione di Gesù. Il mistero della risurrezione corporea, in particolare, evidenzia un compito decisivo nel processo educativo, soprattutto dei ragazzi e dei giovani: motivare e testimoniare la bellezza della sessualità. Una bellezza derivante dalla fede e dall'amore, dal significato del corpo come luogo del dono e dell'offerta. Ma anche una bellezza umanamente significativa, perché l'antropologia cristiana autentica è un contributo all'umanizzazione, per quanto molti ritengano il contrario.

La bellezza della sessualità non ha nulla da spartire con la sua esibizione, l'ostentazione morbosa dei corpi nudi, la riproduzione parossistica di rapporti intimi da mettere in commercio su *internet*. La pornografia, per quanto venga somministrata in dosi massicce – e ci si sta già rendendo conto delle conseguenze distruttive che provoca nella crescita delle nuove generazioni – è il contrario della bellezza: i corpi possono essere anche esternamente attraenti, ma la loro esposizione "spudorata", in senso letterale, rappresenta una "brutta" rappresentazione della sessualità umana.

Una volta denunciata chiaramente la mentalità edonista nelle sue diverse forme, e una volta detto con chiarezza che favorisce la pratica dello sfruttamento e dell'abuso, occorre però pedagogicamente tracciare una visione positiva e bella della sessualità. Non si educa con la semplice denuncia; si educa accendendo dei sogni grandi e favorendone la realizzazione, anche attraverso scelte e rinunce. Il suggestivo richiamo mitologico di papa Francesco, nel suo discorso agli studenti universitari di Bologna il primo ottobre 2017, pur riferendosi ad un argomento diverso, cioè lo studio e la cultura, è pienamente valido anche nel campo dell'educazione alla sessualità: «Ulisse, per non cedere al canto delle sirene, che ammaliavano i marinai e li facevano sfracellare contro gli scogli, si legò all'albero della nave e turò gli orecchi dei compagni di viaggio. Invece Orfeo, per contrastare il canto delle sirene, fece qualcos'altro: intonò una melodia più bella, che incantò le sirene. Ecco il vostro grande compito: rispondere ai ritornelli paralizzanti del *consumismo culturale* con scelte dinamiche e forti, con la ricerca, la conoscenza e la condivisione. Armonizzando nella vita questa bellezza custodirete la cultura, quella vera».[93]

Intonare una melodia più bella e non limitarsi alle funi o a mettersi i tappi nelle orecchie: è il compito che vale non solo in generale di fronte al consumismo culturale, ma anche nello specifico di fronte al *consumismo sessuale*. Mostrare la bellezza della sessualità umana oggi è una sfida enorme per i cristiani, tentati da una parte di appiattirsi sulla mentalità comune, che la lega agli istinti o tutt'al più ai sentimenti e dall'altra di puntare il dito scandalizzato contro i costumi di oggi. In entrambi i casi non scatta alcuna pedagogia, non si mette in moto nulla, non sia avvia alcun percorso.

L'accompagnamento che fa crescere – ed è sempre personalizzato, attento alle situazioni dei singoli e delle coppie – accetta di confrontarsi con le diverse concezioni della sessualità, per insinuare la bellezza del *dono di sé*, anche attraverso l'attesa e il sacrificio. Non è vero che le persone oggi non sappiano fare più sacrifici. Non è vero neanche per i giovani: pensiamo solo all'impegno di molti di loro nello studio o nel lavoro, nello sport o nella musica, nella gestione degli affetti familiari e nel volontariato. L'uomo accetta sempre di camminare, anche faticando, quando possiede le motivazioni e gli esempi; quando la mèta gli appare degna di essere conquistata, perseguita e guadagnata, perché "bella". La visione personalista della corporeità e della sessualità umana incarna questa bellezza, purché presentata e testimoniata in modo autentico.[94]

Quella personalista cristiana è una visione che, certo, deve accettare il confronto con altre molto diffuse e certamente meno esigenti: almeno altre due. La prima è quella *istintiva*, che vede nell'attività sessuale ("fare sesso") l'espressione di un bisogno corporeo, uno sfogo dettato da una necessità fisiologica che va semplicemente soddisfatta. Sarebbe dunque un atto della stessa qualità del mangiare, bere o dormire. Questa concezione, più vissuta che teorizzata, contraddice direttamente la dignità del corpo proprio e altrui, degradandolo a *mezzo* e non rispettandolo quindi come *persona*. Essa infatti implica la riduzione del proprio corpo e di quello del *partner* a strumento di soddisfacimento del bisogno. In questa ottica, ad esempio, la prostituzione non sarebbe un problema, perché costituirebbe il soddisfacimento di una necessità fisica.

Molto più elevata è una seconda concezione dell'atto sessuale, quella *sentimentale*. Essa ritiene legittimo l'esercizio della sessualità quando esprime affetto reciproco, attrazione e ed emozione vicendevole. Escludendo una relazione sessuale che nasca dal puro istinto ed ammettendo quella che nasce dal sentimento, inserisce alcuni elementi autentici nel linguaggio corporeo sessuale, ma non li integra nella reciproca donazione di *tutta la persona*, che comprende anche la volontà, la decisione di costruire un progetto adeguato all'espressione sessuale. Il limite di questa concezione è in fondo quello di scambiare l'*amore* di coppia con un semplice *sentimento*, mentre l'amore è più dell'innamoramento, è più dell'attrazione: è inscindibilmente anche donazione reciproca, totale e aperta alla vita. «La regola classica della sessualità è molto semplice. La soddisfazione che viene dagli atti sessuali acquista vero significato umano quando è finalizzata all'unione amorosa de due persone legate da fedeltà reciproca definitiva e aperte alla fecondità. Tutto ciò che non rientra in questa regola non rientra nell'ordine».[95]

Il contrasto tra il personalismo cristiano e la concezione istintiva è netto; di fatto è molto difficile, se non impossibile, trovare dei punti di contatto tra le due visioni della vita. Con la concezione sentimentale, invece, è possibile dialogare: si tratta infatti non tanto di una visione sbagliata, quanto di una visione incompleta. La relazione sessuale richiede, certamente, anche l'attrazione sentimentale; ma da sola questa non basta, perché è soggetta agli alti e bassi delle emozioni: e non si può fondare alcun progetto stabile sulle emozioni. L'amore vero richiede anche un progetto condiviso e scelto; e siccome l'atto sessuale oggettivamente esprime coinvolgimento totale, il progetto non può essere parziale, ma deve essere integrale: un progetto di vita che comprenda l'impegno a vivere "una sola carne" *per sempre*. Non è ancora amore pieno, quello che mette "in prova" la relazione con l'altro; l'amore pieno fa il salto della fiducia totale e osa dire "sempre", non solo "se" e "finché".

La relazione sessuale è infatti un atto che si colloca al vertice di una serie di gesti *positivi* – sorriso, stretta di mano, abbraccio, bacio – che per loro natura esprimono gradi di amore e di unione sempre più intensi - fiducia, stima, coinvolgimento affettivo e così via: fino ad arrivare al culmine nell'atto sessuale. Se vuole essere autentico, deve dunque esprimere anche intenzionalmente un amore *completo*. Solo se soggettivamente l'atto sessuale esprime quel dono totale d'amore che oggettivamente significa è un atto "buono". «La donazione fisica totale sarebbe una menzogna, se non fosse segno e frutto della donazione personale totale, nella quale tutta la persona, anche nella sua dimensione temporale, è presente».[96] L'amore dunque non è solo coinvolgimento istintivo e sentimentale, ma in quanto dono totale è offerta di tutto se stessi, senza riserve, senza intenti utilitaristici, rispettando se stessi e l'altro nella sua dignità.

Vivere la sessualità da cristiani significa rispettarne il significato umano inciso nel corpo stesso: un amore integrale, senza riserve, aperto alla vita. Un atteggiamento che richiede l'educazione alla *castità*. Come scriveva il Card. Martini: «La castità è un atteggiamento molto bello e va colto nel suo rapporto con la bellezza dell'amore. Lungi dall'essere disprezzo del corpo, permette di incanalarne le energie, distogliendole da ripiegamenti egoistici, verso un servizio sempre più grande e reciproco. Non è negativa la castità: è anzi un'autentica signoria su di sé e insieme riconoscimento della signoria di Gesù sul nostro corpo e sulla nostra vita (...). La castità è educazione e allenamento a superare ogni mentalità di tipo possessivo e padronale nei confronti del proprio e dell'altrui corpo».[97] L'identificazione di castità con verginità non ha giovato al suo apprezzamento. La verginità, chiamata nella tradizione spirituale anche "castità perfetta", è la vocazione particolare ad un amore integrale che passa non attraverso il dono sessuale ad un'altra persona, ma attraverso l'investimento delle proprie energie affettive nei confronti del Signore Gesù e, in lui, della Chiesa. La castità è un atteggiamento che, invece, riguarda tutti e consiste nel rispetto dei significati autentici della sessualità umana. Esiste quindi una castità matrimoniale che comporta rapporti sessuali, resi veri dal dono reciproco dei coniugi e dall'apertura alla vita. La castità non si improvvisa: la grande sfida dell'educazione comprende l'importantissimo capitolo degli affetti, che vanno scoperti, disciplinati e accompagnati. La fede cristiana non è affatto avversaria del corpo, della sessualità e degli affetti; non è avversaria del piacere e dell'*eros*. È così alleata con loro, anzi, da esigere che crescano, si sviluppino e si esprimano in maniera autentica, come dono e non come rapina.

Conclusione: il corpo "assaggiato"

Il percorso compiuto ha messo in risalto due dati fondamentali della tradizione cristiana sulla corporeità. Il primo dato è l'essenziale *bontà* originaria ed ontologica del corpo umano e del mondo materiale in genere, a motivo della sua riconduzione al medesimo Creatore che ha dato origine anche alle realtà spirituali e all'anima, e soprattutto a motivo della sua piena assunzione da parte del Figlio di Dio. Il cristianesimo ha sempre difeso, contro le insorgenti tentazioni gnostiche, questa essenziale bontà: l'ha ritenuta dall'inizio questione di vita o di morte per il dogma cristologico e, di conseguenza, per l'intera fede cristiana. Su questo primo dato si innesta un'antropologia tendenzialmente unitaria, nella quale l'essere umano integra le due dimensioni corporea e spirituale in una profonda armonia psico-fisica.

Il secondo dato è l'*ambiguità* esistenziale ed etica del corpo umano. Nell'antropologia biblica, specie paolina, non mancano passaggi che tradiscono una certa tensione tra corpo e anima; così come nella storia della spiritualità e dell'ascesi sono talvolta spuntati rivoli platonici anche nella pratica cristiana: esempi ne abbiamo incontrato persino nella spiritualità francescana, pur fortemente incentrata sull'incarnazione. Il motivo fondamentale di queste tendenze anche in casa cristiana è certamente la percezione dell'ambiguità del corpo. Con l'ingresso del peccato nel mondo, anche nella corporeità si è offuscata l'originaria trasparenza e il corpo subisce gli attacchi della corruzione, del peccato, della morte. La bontà del corpo rimane perciò intatta a livello ontologico, ma deve continuamente essere riconquistata a livello esistenziale, esperienziale ed etico.

Si può gettare ponte tra questi due dati, come abbiamo tentato di fare, a partire dalla realizzazione piena della corporeità, che è il Figlio di Dio fatto uomo, morto e risorto, nel quale "abita corporalmente/*somatikos* tutta la pienezza della divinità" (Col 2,9). Cristo rimane per sempre il paradigma del corpo pienamente "riuscito"; è lui l'unità di misura sulla quale confrontare la nostra corporeità, la meta alla quale tendere perché il nostro corpo dispieghi tutte le sue potenzialità obbedendo alla propria vocazione.

Come ha vissuto Gesù la propria corporeità? La parola che meglio traduce l'atteggiamento di Cristo, come abbiamo cercato di mostrare, è la parola *dono*. Per Gesù il corpo è stato il luogo dell'offerta di sé al Padre e ai fratelli. Il suo corpo si è donato non solo in alcune occasioni, ma sempre: si è offerto nei momenti gioiosi della serenità e dell'esultanza come in quelli tristi dell'incomprensione e del tradimento; si è offerto dall'inizio alla fine. Ma è proprio questa la dignità del corpo: offrirsi. Il corpo ci è stato donato perché diventi luogo di relazioni gratuite e gioiose con Dio, i fratelli e le sorelle, la natura, la storia.

Solo l'atteggiamento del dono realizza davvero l'uomo, perché rispetta la persona propria e altrui. Il corpo è fatto per entrare in relazione, ma ogni relazione può procedere in due diverse direzioni: se si manifesta con la violenza, lo sfruttamento, l'odio, va nella direzione dell'*umiliazione* della dignità propria e altrui; se si manifesta con l'amore, la comprensione, l'interesse per l'altro, va nella direzione della *promozione* della dignità propria e altrui. Quello oblativo è dunque il criterio fondamentale per valutare la "verità" del corpo: «il corpo è vero, e non mente, quando si ritrova nella forma dell'offerta».[98] L'esatto contrario del possesso egoistico e dello sfruttamento. Il corpo donato è *vero*, e dunque è anche *buono* e *bello*. È un riflesso del corpo di Gesù, un'offerta preziosa che salda perfettamente i due comandamenti dell'amore di Dio e del prossimo.[99] La scommessa cristiana sul corpo consiste proprio nella promessa di felicità che l'offerta di se stessi contiene: promessa il cui "assaggio" avviene nella vita terrena e si compie nell'eternità beata, nella "risurrezione della carne".

Note

1 Un'edizione facilmente reperibile dell'opera è: CELSO, *Il discorso della verità contro i cristiani*, Rizzoli, Milano 1989. Come è noto, dell'opera di Celso ci resta ciò che cita Origene nella sua confutazione (*Contra Celsum*); per l'espressione citata nel testo cf. V,14 e VII,36.

2 Segnalo solo un testo ampio e ricco – altri ne verranno menzionati in seguito – che costituisce una vera e propria "summa theologica" sull'argomento: X. LACROIX, *Il corpo di carne. La dimensione etica, estetica e spirituale dell'amore*, EDB, Bologna 1996.

3 GIOVANNI PAOLO II, *Uomo e donna lo creò. Catechesi sull'amore umano*, Città Nuova, Roma, 1985[1], 2009[9]. Il volume è ottimamente introdotto da A. SCOLA («Introduzione generale»: pp. 5-29), che facilita la lettura della riflessione del Papa, espressa con un linguaggio impegnativo e un metodo logico circolare più che lineare.

4 XV ASSEMBLEA GENERALE ORDINARIA DEL SINODO DEI VESCOVI, Documento finale *I giovani, la fede e il discernimento vocazionale*, del 27 ottobre 2018, n. 149.

5 FRANCESCO, Esortazione apostolica post-sinodale *Amoris Laetita*, del 19 marzo 2016, n. 284.

6 Cf. 1 Cor 5,3; 6,13-19 (8 riferimenti); 7,4 (2 riferimenti); 7,34; 9,27; 12,12; 12,12 (3 riferimenti); 12,14-26 (13 riferimenti); 13,3; 15,35; 15,44 (2 riferimenti); 15,53-54 (4 riferimenti).

7 Cf. 1 Cor 15,37-41 (4 riferimenti).

8 Cf. 1 Cor 10,16; 15,44; 15,46.

9 Cf. 1 Cor 10,17; 11,29; 12,13; 12,27 .

10 Cf. 1 Cor 11,24; 11,27.

11 Cf. IGNAZIO DI ANTIOCHIA, *Lettera agli Smirnesi*, I-III.

12 Esistono ormai innumerevoli studi sullo gnosticismo. Una raccolta facilmente reperibile, di grande valore scientifico, con testi in lingua originale a fronte della traduzione italiana, è quella introdotta e curata da M. SIMONETTI, *Testi gnostici in lingua greca e latina*, Fondazione Lorenzo Valla, Mondadori 1993.

13 Cf. la prima traduzione completa in lingua inglese curata da J. M. ROBINSON, *The Nag hammadi Library*, E.J. Brill, Leiden – New York, København – Köln 1988 (raccomandabile l'introduzione del curatore, alle pp. 1-26).

14 Per una articolazione più precisa di queste idee, il loro contesto e il rimando puntuale alle fonti, cf. G. SFAMENI GASPARRO, «Creazione (doppia)», in A. DI BERARDINO (ed.), *Dizionario patristico e di antichità cristiane*, vol. I, Marietti, Casale Monferrato 1983, coll. 832-834. Gli studi fondamentali sugli gnostici valentiniani, tuttora (e prevedibilmente per molto ancora) insuperati dal punto di vista scientifico, sono quelli di A. ORBE, raccolti nei quattro volumi di *Estudios Valentinianos*, PUG, Roma 1958-1996. Più facilmente accessibile ai lettori sono i due volumi dello stesso A. ORBE, curati per l'edizione italiana da A. ZANI, *La teologia dei secoli II e III. Il confronto della Grande Chiesa con lo gnosticismo*, vol. 1 (*temi veterotestamentari*) e vol. 2 (*temi neotestamentari*), PUG-Piemme, Roma-Casale Monferrato 1995.

15 Cf. *Stromati*, II,19,102.

16 *Ibid.*, IV,3,9.

17 *Ibid.*, IV,4,17-18.

18 Cf. ad es. ORIGENE, *Omelie sulla Genesi* I,13.

19 Origene mantiene l'idea di «due successivi atti creativi che, in un'ampia prospettiva cosmologica, riguardano il mondo degli esseri intelligenti, tutti eguali e liberi, e poi, dopo la caduta graduata di questi a causa di un allontanamento dall'unità e dall'amore divino, il mondo dei corpi pesanti. Tra la prima creazione (relativa alle intelligenze, *noes*) e la seconda (relativa al cosmo visibile e ai corpi) si pone dunque la colpa delle creature razionali che, pur diversamente graduata e non universale (alcuni *noes* non sono decaduti o lo hanno fatto solo in misura minima), si configura come motivazione del secondo atto creativo di Dio.

L'uomo ha in sé l'elemento "ad immagine" (intelletto o parte superiore dell'anima) frutto della "prima creazione" e quello "plasmato", ossia il corpo con le sue funzioni, pertinente al secondo atto creatore di Dio» (G. SFAMENI GASPARRO, «Creazione (doppia)», *art. cit.*, p. 833). La stessa autrice, in un altro documentato articolo, mostra come la svalutazione origeniana del corpo non derivasse unicamente dagli influssi platonici di cui era impregnata l'antropologia alessandrina, ma anche dalla sua concezione del divino, che metteva in evidenza la perfezione trinitaria nella pura dimensione spirituale, nella più completa assenza della corporeità (cf. G. SFAMENI GASPARRO, «Corpo», in: A. MONACI CASTAGNO (ed.), *Origene. Dizionario. La cultura, il pensiero, le opere*, Città Nuova, Roma 2000, pp. 87-92).

20 Per AGOSTINO nella *mens* umana la Trinità imprime le sue vestigia (espresse soprattutto dalla triade *mens, intellectus, voluntas*): cf. *La Trinità*, XV,3,4-5; qui Agostino stesso sintetizza i suoi precedenti libri, affermando tra l'altro: «nel libro nono la mia analisi giunge all'immagine di Dio: l'uomo, considerato nel suo spirito (*...ad imaginem Dei, quod est homo secundum mentem*)»; nello stesso paragrafo l'affermazione che l'*imago Dei/Trinitatis* è la mente dell'uomo si ripete più volte.

21 Cf. IRENEO, *Contro le Eresie*, IV,34,1.

22 Cf. *Ibid.,* IV,7,4; V,5,2; V,15,2.3; V,16,1; V,28,4.

23 «"Nessuno conosce il Padre tranne il Figlio, né il Figlio tranne il Padre e coloro ai quali il Figlio lo rivelerà" (cf. Mt 11,27; Lc 10,22). La parola "rivelerà" non si riferisce solo al futuro, come se il Verbo avesse cominciato a rivelare il Padre quando nacque da Maria, ma si riferisce generalmente a tutto il tempo. Infatti il Figlio, essendo accanto alla sua creatura fin dall'inizio, rivela il Padre a tutti: a quelli a cui il Padre vuole, quando vuole e come vuole» (*Ibid.,* IV,6,7; cf. anche IV,7,2).

24 *Ibid.*, IV,20,6.

25 *Ibid.,* V,6,1.

26 TERTULLIANO, *La risurrezione dei morti,* VIII,2-3.

27 Cf. can. 1: *DS* 403.

28 Cf. can. 10: *DS* 410.

29 Sono i cann. 5-14: *DS* 455-464.

30 Cf. *DS* 800.

31 Cf. *Contro le Eresie, op. cit.*, III,3,2-3.

32 Cf. G. IAMMARRONE, «Corpo, carne», in E. CAROLI (ed.), *Dizionario francescano*, Messaggero, Padova 1995, coll. 295-308.

33 Per i relativi riferimenti, rimandiamo ai numeri delle *Fonti Francescane*, Messaggero, Padova 1983 (*FF*): cf. rispettivamente *FF* 69, 710, 200, 3165, 800.

34 G. IAMMARRONE, «Corpo, carne», *art. cit.*, coll. 300-301.

35 Cf, rispettivamente: *FF* 1636, 1799, 1096, 473, 1388, 2086, 1357, 159, 195.

36 G. IAMMARRONE, «Corpo, carne», *art. cit.*, coll. 305-306.

37 Cf. la ricerca di G. CARBONE, *L'uomo immagine e somiglianza di Dio. Uno studio sullo Scritto sulle Sentenze di San Tommaso d'Aquino*, Edizioni Studio Domenicano, Bologna 2003; si vedano in particolare le pp. 73-111, alle quali rimandiamo anche per la documentazione dettagliata delle fonti.

38 *Ibid.*, p. 79.

39 Cf. *In 4 Sent.*, d. 44, q. 1, a. 2, qla 1 co.: «anima habet se ad corpus non solum in habitudine formae et finis, sed etiam causae efficientis»... Altri testi tomisti fra i più importanti per il nostro argomento sono: *In 3 Sent.*, d 2, 1, a 3, qla 1, ad 2um; *S. Th.* I, q. 76, a. 5, ad 2.

40 G. CARBONE, *L'uomo immagine e somiglianza di Dio, op. cit.*, p. 111.

41 Libro I, cap, XIX e Libro III, cap. I.

42 BENEDETTO XVI, Lettera enciclica *Deus Caritas Est* sull'amore cristiano, del 25 dicembre 2005, n. 5.

43 Cf. Z. BAUMAN, *Amore liquido. Sulla fragilità dei legami affettivi*, Laterza, Bari 2004, p. 21.

44 E. MOUNIER, *Il personalismo*, AVE, Roma 1978, pp. 29-31 (l'originale francese è del 1949).

45 Cf. K. WOJTYŁA, *Amore e responsabilità,* Marietti, Torino 1978 (l'originale polacco è del 1958).

46 La prima fu tenuta il 5 settembre 1979 e l'ultima il 28 novembre 1984. Vi furono due interruzioni: una dovuta all'attentato del 13 maggio 1981 e l'altra all'Anno Santo della Redenzione, il 1983.

47 Cf. GIOVANNI PAOLO II, *Uomo e donna lo creò, op. cit.,* p. 107.

48 GIOVANNI PAOLO II, *Discorso al Comitato Olimpico Nazionale Italiano*, del 20 dicembre 1979.

49 GIOVANNI PAOLO II, *Discorso all'Accademia delle Scienze*, del 14 dicembre 1989, n. 2 (il Papa rimanda al testo di *GS* 14).

50 GIOVANNI PAOLO II, Esortazione apostolica *Familiaris consortio,* del 22 novembre 1981; LEV, Civitas Vaticana 1981, n. 11.

51 GIOVANNI PAOLO II, *Omelia nella celebrazione eucaristica per la conclusione dei restauri degli affreschi di Michelangelo nella Cappella Sistina,* dell'8 aprile 1994, n. 6.

52 BENEDETTO XVI, Lettera enciclica *Deus Caritas Est*, *doc. cit.*, n. 5.

53 FRANCESCO, Esortazione apostolica *Amoris Laetitia, doc. cit.*, n. 151. Le prime quattro citazioni provengono dalla catechesi del 12 novembre 1980; la quinta è estratta dalla catechesi del 16 gennaio dello stesso anno.

54 Sono molto numerosi gli studi dedicati all'antropologia della Scrittura: basta consultare qualsiasi dizionario biblico alle voci *corpo*, *corporeità*, *anima e corpo*, *uomo*, *carne* e simili, per disporre di materiale utile. Si può segnalare, per il taglio sintetico e chiaro, il contributo di R. JEWETT, «Leib/Leiblichkeit. I. Biblisch», in *RGG* (= *Religion in Geschichte und Gegenwart. Handwörterbuch für Theologie und Religionswissenschaft*), J.C.B. Mohr (Paul Siebeck), Tübingen 2002, 4a ed., vol. 5, coll. 215-218. L'autore evidenzia anche i passaggi dell'Antico e del Nuovo Testamento nei quali si riscontrano tendenze dualiste (cf. ad es. Gb 6,4; 2 Cor 5,6-10; ecc.).

55 Vanno ad es. in questa direzione le originali riflessioni di C. PAGAZZI, *Il principio era il Legame. Sensi e bisogni per dire Gesù*, Cittadella, Assisi 2004; e di M. NERI, *Gesù. Affetti e corporeità di Dio. Il cuore e la fede*, Cittadella, Assisi 2007.

56 Avendo già menzionato più volte la tendenza platonica nel testo alle pagine precedenti, può essere utile offrire almeno un riferimento della sua concezione del corpo: cf. PLATONE, *Fedone* 64c, dove la morte è definita «liberazione dell'anima dal corpo».

57 Cf., per una panoramica generale, i tre contributi di A. WILKE, D. KORSCH e H.-P. SCHÜTT, nell'articolo «Leib und Seele», in *RGG* 4a ed., vol. 5, *op. cit.*, coll. 221-226 (rispettivamente: I. Religionswissenschaftlich, II. Religionsphilosophisch und theologiegeschichtlich, III. Philosophisch).

58 Cf. F. MANZI e C. PAGAZZI, *Il Pastore dell'Essere. Fenomenologia dello sguardo del Figlio*, Cittadella, Assisi 2001. Il volume prende avvio proprio dalla "visione cristologica della nascita", che illumina – in pagine acute, ispirate in parte a filosofi del Novecento – il senso della passività originaria dell'essere umano: anche dell'essere umano di Gesù. L'esistenza umana è, prima di tutto, vita ricevuta: l'esperienza della malattia, pura passività, rivela che «tale passività appare come originaria e costitutiva dell'esperienza umana (…) che non si è all'origine del proprio corpo, non si è scelto la sua forma e i suoi limiti» (p. 20).

59 H. DE LUBAC, *Corpus Mysticum. L'Eucarestia e la Chiesa nel Medioevo*, Jaca Book, Milano 1982.

60 H.U. VON BALTHASAR, *La percezione della forma,* vol. I di *Gloria. Una estetica teologica*, Jaca Book, Milano 2012, p. 538.

61 J. ALFARO, *Rivelazione cristiana, fede e teologia*, Queriniana, Brescia 1986, p. 15.

62 *Ibid.*, pp. 16-17.

63 *Ibid.*, p. 19.

64 Il fatto che in ciascun uomo vi siano anche una dose di "femminilità" e in ciascuna donna una dose di "mascolinità", oltre ad impedire l'identificazione *tout court* di "maschile" con "maschio" e di "femminile" con "femmina", rende possibile la comunicazione e lo scambio tra i due sessi, che altrimenti sarebbero due mondi impenetrabili l'uno all'altro. La biologia del resto dimostra che la grande maggioranza della materia genetica, 22 coppie di cromosomi sessuali su 23, è comune al maschio e alla femmina.

65 CONCILIO VATICANO II, Costituzione *Gaudium et Spes* sulla Chiesa nel mondo contemporaneo, del 7 dicembre 1965, n. 49.

66 Cf. PAOLO VI, Lettera enciclica *Humanae Vitae*, del 25 luglio 1968.

67 BENEDETTO XVI, *Discorso all'apertura del Convegno ecclesiale della Diocesi di Roma su Famiglia e comunità cristiana*, del 6 giugno 2005.

68 C.M. MARTINI, *Sul corpo*, Centro Ambrosiano, Milano 2000, p. 52-53.

69 Cf. J. RINGLEBEN, «Leib/Leiblichkeit. II. Dogmatisch», in *RGG* 4a ed., *op. cit.*, coll. 218-220: si vedano passaggi dedicati al fenomeno della "estraneizzzazione" (*Entfremdung*) dall'io dal proprio corpo.

70 M. ANTONELLI così descrive la condizione del corpo malato: «il tuo corpo torna a rivestire quella passività che gli è congeniale (l'essere accudito, l'essere nutrito e lavato e vestito, l'essere visitato, l'essere guarito…), esce decisamente dal gioco del conquistare e dell'essere conquistato, e ti restituisce alla coscienza giusta di essere non contro l'altro o sopra l'altro, ma presso l'altro e dell'altro» (*Alla ricerca del corpo perduto. Un invito alla riflessione*, Ancora, Milano 2004, p. 41).

71 G. LAZZATI, *Corporeità*, AVE, Roma 1986, p. 26.

72 K. WOJTYŁA, *Amore e responsabilità, op. cit.*, p. 165.

73 FRANCESCO, Esortazione *Amoris Laetitia*, *doc. cit.*, nn. 41 e 45.

74 Cf. tra i numerosi e incisivi interventi: FRANCESCO, *Discorso alla Curia romana per gli auguri di Natale*, del 21 dicembre 2018.

75 PAOLO VI, *Omelia alla Santa Messa per i campesinos colombiani*, Bogotà, 23 agosto 1968.

76 FRANCESCO, *Messaggio per la I Giornata Mondiale dei Poveri*, del 19 novembre 2017, n. 3.

77 C.M. MARTINI, *Sul corpo*, *op. cit.*, p. 54.

78 Cf. J. ALFARO, *Speranza cristiana e liberazione dell'uomo*, Queriniana, Brescia 1985, p. 133.

79 Nei *Simboli* riportati in *DS* 1-76 "risurrezione della carne" compare 26 volte e "risurrezione dei morti" 5 volte (*DS* 42.44.46.48.55), mentre non si parla di "risurrezione del corpo" (quest'ultima espressione entrerà quando l'antropologia greca assumerà un ruolo centrale nell'escatologia cristiana).

80 Cf. G. O'COLLINS, *Gesù risorto. Un'indagine biblica, storica e teologica sulla risurrezione di Cristo*, Queriniana, Brescia 1989, p. 185.

81 Interessanti sviluppi di queste e simili prospettive in G. BIFFI, *Linee di escatologia cristiana*, Jaca Book, Milano 1984, pp. 35-47.

82 Questa prospettiva, fondata su testi patristici e medievali, viene sviluppata con grande acutezza da H. DE LUBAC, *Cattolicismo. Gli aspetti sociali del dogma*, Studium, Roma 1964, pp. 95-114.

83 F. DOSTOEVSKIJ, *L'idiota*, III,V; Mondadori, Milano 1964, vol. II, p. 85.

84 Così L. GINZBURG nella «Prefazione» all'edizione citata alla nota precedente, vol. I, p. 7.

85 Cf. F. NIETZSCHE, *La nascita della tragedia*, Newton Compton, Roma 1980 (la prima edizione tedesca è del 1872).

86 Cf. PLATONE, *Fedro* 251a.

87 Cf. ARISTOTELE, *Poetica* 1450b-1451a.

88 Cf. ARISTOTELE, *Etica Nicomachea* 1106a-b.

89 Cf. CICERONE, *Tusculanae Disputationes* IV, 13, 31.

90 LEONARDO DA VINCI, *L'Uomo vitruviano,* 1490 ca., disegno su carta (34x24 cm), Gallerie dell'Accademia di Venezia.

91 L'immagine, attribuita a MICHELANGELO BUONARROTI, è la *Crocifissione per Vittoria Colonna*, 1545 ca., disegno su carta (37x27 cm), British Museum a Londra.

92 F. DOSTOEVSKIJ, *L'idiota*, III,V, *op. cit.*, p. 86.

93 FRANCESCO, *Discorso agli studenti universitari e al mondo accademico di Bologna*, 1 ottobre 2017, n. 1.

94 Per approfondire questi accenni, cf. l'approfondita riflessione di C. CAFFARRA, *Sessualità alla luce dell'antropologia e della Bibbia*, San Paolo, Cinisello Balsamo 1994.

95 C.M. MARTINI, *Sul corpo, op. cit.*, p. 61.

96 GIOVANNI PAOLO II, Esortazione Apostolica *Familiaris Consortio*, *doc. cit.*, n. 11.

97 C.M. MARTINI, *Sul corpo*, *op. cit.*, p. 64-65.67.

98 M. ANTONELLI, *Alla ricerca del corpo perduto*, *op. cit.*, p. 83.

99 Fra gli studi sulla corporeità facilmente accessibili al lettore italiano, che possono utilmente integrare le poche note da noi offerte, segnaliamo quello chiaro ed equilibrato di N. GALANTINO, «Il corpo in teologia: oltre il platonismo», in *Rassegna di Teologia* 46 (2005), pp. 873-883.

Fonti
in ordine alfabetico per curatore

BATTELLI G., (ed.), *Innocenzo III. De contemptu mundi,* Cantagalli, Siena 1984

BELLINI E. (ed.), *Ireneo di Lione. Contro le eresie e gli altri scritti,* Jaca Book, Milano 1981.

BESCHIN G., *Sant'Agostino. La Trinità*, Città Nuova 1987.

CAROLI E. (ed.), *Fonti Francescane* (= *FF*), Messaggero, Padova 1983:

DANIELI M.I., *Origene. Omelie sulla Genesi*, Città Nuova, Roma 2002.

MAZZARELLI C. (ed.), *Aristotele. Etica Nicomachea*, Rusconi Libri, Milano 1993.

MICAELLI C. (ed), *Tertulliano. La riusrrezione dei morti*, Città Nuova, Roma 1990.

PINI G., *Clemente alessandrino. Stromati. Note di vera filosofia*, Paoline, Milano 1985.

QUACQUARELLI A. (ed.), *Ignazio di Antiochia. Lettera agli Smirnesi: I Padri apostolici*, Città Nuova, Roma 1978, pp. 133-138.

REALE G. (ed.), *Platone. Fedone*, La Scuola, Brescia 1970.

REALE G. (ed.), *Platone. Fedro*, Rusconi, Sant'Arcangelo di Romagna, 1993.

RIZZO S. (ed.), *Celso. Il discorso della verità contro i cristiani*, Rizzoli, Milano 1989 (= BUR L718).

ROBINSON J.M., *The Nag hammadi Library*, E.J. Brill, Leiden – New York, København – Köln 1988.

SIMONETTI M. (ed.), *Testi gnostici in lingua greca e latina*, Fondazione Lorenzo Valla, Mondadori 1993.

VALGIMIGLI M. (ed.), *Aristotele. Poetica*, in Opere, vol. 10, Laterza, Bari 1991.

ZUCCOLI CLERICI L. (ed.), *Cicerone. Tuscolane*, Biblioteca Universale Rizzoli, Milano 1996.

Testi del Magistero pontificio
in ordine cronologico

DENZINGER – H.-SCHÖNMETZER A. (= *DS*), *Enchiridion Symbolorum Definitionum et Declarationum de rebus fidei et morum*, Herder, Freiburg-Basel-Wien 1976[36].

PAOLO VI, Lettera enciclica *Humanae Vitae*, del 25 luglio 1968: http://w2.vatican.va/content/paul-vi/it/encyclicals/documents/hf_p-vi_enc_25071968_humanae-vitae.html

PAOLO VI, *Omelia alla Santa Messa per i campesinos colombiani*, Bogotà, 23 agosto 1968: http://w2.vatican.va/content/paul-vi/it/homilies/1968/documents/hf_p-vi_hom_19680823.html

GIOVANNI PAOLO II, *Uomo e donna lo creò. Catechesi sull'amore umano*, Città Nuova, Roma, 1985[1], 2009[9].

GIOVANNI PAOLO II, *Discorso al Comitato Olimpico Nazionale Italiano*, del 20 dicembre 1979: http://w2.vatican.va/content/john-paul-ii/it/speeches/1979/december/documents/hf_jp-ii_spe_19791220_comitato-olimpico.html

GIOVANNI PAOLO II, *Udienza* del 16 gennaio 1980: http://w2.vatican.va/content/john-paul-ii/it/audiences/1980/documents/hf_jp-ii_aud_19800116.html

GIOVANNI PAOLO II, *Udienza* del 12 novembre 1980: http://w2.vatican.va/content/john-paul-ii/it/audiences/1980/documents/hf_jp-ii_aud_19801112.html

GIOVANNI PAOLO II, Esortazione apostolica *Familiaris consortio,* del 22 novembre 1981: http://w2.vatican.va/content/john-paul-ii/it/apost_exhortations/documents/hf_jp-ii_exh_19811122_familiaris-consortio.html

GIOVANNI PAOLO II, *Discorso all'Accademia delle Scienze*, del 14 dicembre 1989: http://w2.vatican.va/content/john-paul-ii/it/speeches/1989/december/documents/hf_jp-ii_spe_19891214_accademia-scienze.html

GIOVANNI PAOLO II, *Omelia nella celebrazione eucaristica per la conclusione dei restauri degli affreschi di Michelangelo nella Cappella Sistina,* dell'8 aprile 1994:

http://w2.vatican.va/content/john-paul-ii/it/homilies/1994/documents/hf_jp-ii_hom_19940408_restauri-sistina.html

BENEDETTO XVI, Discorso all'apertura del Convegno ecclesiale della Diocesi di Roma su Famiglia e comunità cristiana, del 6 giugno 2005,. http://w2.vatican.va/content/benedict-xvi/it/speeches/2005/june/documents/hf_ben-xvi_spe_20050606_convegno-famiglia.html

BENEDETTO XVI, Lettera enciclica *Deus Caritas Est* sull'amore cristiano, del 25 dicembre 2005: http://w2.vatican.va/content/benedict-xvi/it/encyclicals/documents/hf_ben-xvi_enc_20051225_deus-caritas-est.html

FRANCESCO, Esortazione apostolica postsinodale *Amoris Laetita*, del 19 marzo 2016: http://w2.vatican.va/content/francesco/it/apost_exhortations/documents/papa-francesco_esortazione-ap_20160319_amoris-laetitia.html

FRANCESCO, *Discorso agli studenti universitari e al mondo accademico di Bologna*, 1 ottobre 2017: http://w2.vatican.va/content/francesco/it/speeches/2017/october/documents/papa-francesco_20171001_visitapastorale-bologna-mondoaccademico.html

FRANCESCO, *Messaggio per la I Giornata Mondiale dei Poveri*, del 19 novembre 2017: http://w2.vatican.va/content/francesco/it/messages/poveri/documents/papa-francesco_20170613_messaggio-i-giornatamondiale-poveri-2017.html

FRANCESCO, *Discorso alla Curia romana per gli auguri di Natale*, del 21 dicembre 2018: http://w2.vatican.va/content/francesco/it/speeches/2018/december/documents/papa-francesco_20181221_curia-romana.html

SINODO DEI VESCOVI - XV ASSEMBLEA GENERALE ORDINARIA, Documento finale *I giovani, la fede e il discernimento vocazionale*, del 27 ottobre 2018: http://press.vatican.va/content/salastampa/it/bollettino/pubblico/2018/10/27/0789/01722.html

Bibliografia
in ordine alfabetico per autore

ALFARO J., *Speranza cristiana e liberazione dell'uomo*, Queriniana, Brescia 1985.

ALFARO J., *Rivelazione cristiana, fede e teologia*, Queriniana, Brescia 1986.

ANTONELLI M., *Alla ricerca del corpo perduto. Un invito alla riflessione*, Ancora, Milano 2004.

BALTHASAR H.U. VON, *La percezione della forma,* vol. I di *Gloria. Una estetica teologica*, Jaca Book, Milano 2012.

BAUMAN Z., *Amore liquido. Sulla fragilità dei legami affettivi*, Laterza, Bari 2004.

BIFFI G., *Linee di escatologia cristiana*, Jaca Book, Milano 1984.

CAFFARRA C., *Sessualità alla luce dell'antropologia e della Bibbia*, San Paolo, Cinisello Balsamo 1994.

CARBONE G., *L'uomo immagine e somiglianza di Dio. Uno studio sullo Scritto sulle Sentenze di San Tommaso d'Aquino*, Edizioni Studio Domenicano, Bologna 2003.

DE LUBAC H., *Cattolicismo. Gli aspetti sociali del dogma*, Studium, Roma 1964.

DE LUBAC H., *Corpus Mysticum. L'Eucarestia e la Chiesa nel Medioevo*, Jaca Book, Milano 1982.

F. DOSTOEVSKIJ, *L'idiota*, 2 voll., Mondadori, Milano 1964.

GALANTINO N., «Il corpo in teologia: oltre il platonismo», in *Rassegna di Teologi*a 46 (2005), pp. 873-883.

JEWETT R., «Leib/Leiblichkeit. I. Biblisch», in *Religion in Geschichte und Gegenwart. Handwörterbuch für Theologie und Religionswissenschaft*, J.C.B. Mohr (Paul Siebeck), Tübingen 2002[4], vol. 5, coll. 215-218.

IAMMARRONE G., «Corpo, carne», in E. CAROLI (ed.), *Dizionario francescano*, Messaggero, Padova 1995, coll. 295-308.

LACROIX X., *Il corpo di carne. La dimensione etica, estetica e spirituale dell'amore*, EDB, Bologna 1996.

LAZZATI G., *Corporeità*, AVE, Roma 1986

MANZI F. e PAGAZZI C., *Il Pastore dell'Essere. Fenomenologia dello sguardo del Figlio*, Cittadella, Assisi 2001.

MARTINI C.M., *Sul corpo*, Centro Ambrosiano, Milano 2000.

MOUNIER E., *Il personalismo*, AVE, Roma 1978.

NERI M., *Gesù. Affetti e corporeità di Dio. Il cuore e la fede*, Cittadella, Assisi 2007.

NIETZSCHE F., *La nascita della tragedia*, Newton Compton, Roma 1980.

O'COLLINS, G. *Gesù risorto. Un'indagine biblica, storica e teologica sulla risurrezione di Cristo*, Queriniana, Brescia 1989.

ORBE A, *Estudios Valentinianos*, 4 voll., PUG, Roma, 1958-1996.

PAGAZZI C., *Il principio era il Legame. Sensi e bisogni per dire Gesù*, Cittadella, Assisi 2004.

RINGLEBEN J., «Leib/Leiblichkeit. II. Dogmatisch», in *Religion in Geschichte und Gegenwart. Handwörterbuch für Theologie und Religionswissenschaft*, J.C.B. Mohr (Paul Siebeck), Tübingen 2002[4], vol. 5, coll. 218-220.

SCOLA A., «Introduzione generale» a GIOVANNI PAOLO II, *Uomo e donna lo creò. Catechesi sull'amore umano*, Città Nuova, Roma, 1985[1], 2009[9], pp. 5-29.

SFAMENI GASPARRO G., «Creazione (doppia)», in A. DI BERARDINO (ed.), *Dizionario patristico e di antichità cristiane*, vol. I, Marietti, Casale Monferrato 1983, coll. 832-834.

SFAMENI GASPARRO G., «Corpo», in A. MONACI CASTAGNO (ed.), *Origene. Dizionario. La cultura, il pensiero, le opere*, Città Nuova, Roma 2000, pp. 87-92.

WILKE A, KORSCH D. e SCHÜTT H.-P, «Leib und Seele», in *Religion in Geschichte und Gegenwart. Handwörterbuch für Theologie und Religionswissenschaft*, J.C.B. Mohr (Paul Siebeck), Tübingen 2002[4], vol. 5, coll. 221-226.

WOJTYŁA K., *Amore e responsabilità*, Marietti, Torino 1978.

ZANI A., *La teologia dei secoli II e III. Il confronto della Grande Chiesa con lo gnosticismo*, vol. 1 (*temi veterotestamentari*) e vol. 2 (*temi neotestamentari*), PUG–Piemme, Roma-Casale Monferrato 1995.

INDICE

Esigente bellezza

Assaggio di una teologia cristiana del corpo umano

Introduzione 1
Un'istanza giovane 2
1. ALCUNI TORNANTI STORICI 4
La Lettera del corpo: 1 Corinti 4
1.1. Le posizioni cristiane antignostiche: dal I al VI secolo 5
Ignazio di Antiochia: "veramente" Cristo è venuto nella carne 5
Correnti dualiste di stampo gnostico e docetista 6
Il fascino del dualismo sull'ortodossia: Clemente alessandrino e Origene 7
La carne al centro: Ireneo di Lione e Tertulliano di Cartagine 8
Il magistero "unitario" del VI secolo 9
1.2. Il magistero anticataro del XIII secolo, S. Francesco e S. Tommaso 10
Il Concilio Lateranense IV 10
San Francesco d'Assisi 11
San Tommaso d'Aquino 12
Papa Innocenzo III e le venature spiritualiste 13
1.3. La riflessione teologica e magisteriale del XX secolo sulla corporeità 13
Una nuova versione della separazione tra spirito e corpo 14
Il Concilio Vaticano II 15
Papa Giovanni Paolo II 16
Papa Benedetto XVI 17
Papa Francesco 18
2. PER UNA TEOLOGIA DEL CORPO 20
Dal mistero del corpo di Cristo al mistero del corpo umano 20
2.1. Corpus natum 21
L'unione ipostatica del Verbo con l'uomo Gesù: prospettica ontologica 21
La progressiva immersione del Figlio nell'umano: prospettiva esperienziale 22
Il corpo generato: una preziosa passività 23
Il corpo legato: le relazioni vitali 25
Il corpo sessuato: incompletezza, differenza e reciprocità 27
2.2. Corpus datum 30
Il corpo crocifisso di Gesù: esito di un cammino faticoso 30
Il corpo estraneo: le ferite che allontanano dal corpo 31
Il corpo ambiguo: l'inevitabile tensione 32
Il corpo sessuato: fragile dono del Creatore 33
Il corpo femminile: un termometro di civiltà 34
Il corpo sfruttato: tra violenza, abuso e incompletezza 35

Il corpo donato: la cura necessaria delle ferite 36
2.3. Corpus transfiguratum 39
Il corpo risorto di Gesù: "primizia" della nostra risurrezione dai morti 39
"Credo la risurrezione della carne" 40
«Quale bellezza salverà il mondo?» 42
La bellezza umanistica 42
La bellezza biblica 45
Per una sessualità "bella" 48
Conclusione: il corpo "assaggiato" 52
Note 54
Fonti 59
Testi del magistero pontificio 60
Bibliografia 62
Indice 64

Printed by Books on Demand GmbH, Norderstedt / Germany